笃学文库

行书技法研究

郜锦强◎著

安徽大学出版社

图书在版编目(CIP)数据

行书技法研究/郜锦强著. ——合肥:安徽大学出版社,2013.8
(笃学文库)
ISBN 978-7-5664-0624-8

Ⅰ.①行… Ⅱ.①郜… Ⅲ.①行书-书法-研究 Ⅳ.①J292.113.5

中国版本图书馆 CIP 数据核字(2013)第 112790 号

行书技法研究
Xingshu Jifa Yanjiu

郜锦强 著

出版发行:	北京师范大学出版集团 安 徽 大 学 出 版 社 (安徽省合肥市肥西路 3 号 邮编 230039) www.bnupg.com.cn www.ahupress.com.cn
经　　销:	全国新华书店
印　　刷:	中国科学技术大学印刷厂
开　　本:	170mm×240mm
印　　张:	8.25
字　　数:	139 千字
版　　次:	2013 年 8 月第 1 版
印　　次:	2013 年 8 月第 1 次印刷
定　　价:	23.00 元

ISBN 978-7-5664-0624-8

策划编辑:马晓波		装帧设计:李 军	
责任编辑:马晓波		美术编辑:李 军	
责任校对:程中业		责任印制:陈 如	

版权所有　侵权必究

反盗版、侵权举报电话:0551—65106311
外埠邮购电话:0551—65107716
本书如有印装质量问题,请与印制管理部联系调换。
印制管理部电话:0551—65106311

目 录

前　言 …………………………………………………………… 1

第一章　行书起源与名帖赏析 ………………………………… 1
一、行书的起源 ………………………………………………… 1
二、行书名帖赏析 ……………………………………………… 9

第二章　行书特点与临习方法 ………………………………… 16
一、行书的基本特点 …………………………………………… 16
二、行书的临习方法 …………………………………………… 17

第三章　行书技法与审美取向 ………………………………… 21
一、行书技法的传承与创新 …………………………………… 21
二、行书的审美价值取向 ……………………………………… 22

第四章　行书竖式中堂技法 …………………………………… 25
一、幅式特点 …………………………………………………… 25
二、作品示例 …………………………………………………… 26
三、技法研讨 …………………………………………………… 35

第五章　行书横式中堂技法 …………………………………… 39
一、幅式特点 …………………………………………………… 39
二、作品示例 …………………………………………………… 40
三、技法研讨 …………………………………………………… 48

第六章　行书条幅技法 ………………………………………… 51
一、幅式特点 …………………………………………………… 51

二、作品示例 …… 52
　　三、技法研讨 …… 59

第七章　行书横幅技法 …… 62
　　一、幅式特点 …… 62
　　二、作品示例 …… 63
　　三、技法研讨 …… 70

第八章　行书斗方技法 …… 75
　　一、幅式特点 …… 75
　　二、作品示例 …… 76
　　三、技法研讨 …… 89

第九章　行书扇面技法 …… 94
　　一、幅式特点 …… 94
　　二、作品示例 …… 95
　　三、技法研讨 …… 102

第十章　行书对联技法 …… 105
　　一、幅式特点 …… 105
　　二、作品示例 …… 106
　　三、技法研讨 …… 112

附录1　师生情谊翰墨缘 …… 114

附录2　我与尉天池先生的一次翰墨缘 …… 117

附录3　以人为本，巧度金针
　　　　——郜锦强教授书法教育思想浅探 …… 120

前　言

随着我国综合国力的提升，中华文化正在走向世界，被越来越多的国家和地区的人民所接受、所认可。其中书法作为中华传统文化的典型代表，正在全世界范围内迅速扩大影响，2009 年 9 月 30 日被联合国教科文组织列入人类非物质文化遗产名录。这是中华民族的骄傲，每一个中国人都应当为此感到自豪！在国内，"书法热"也正在兴起。可以说，一个书法艺术大有可为的时代正在到来！

在这种形势下，越来越多的书法爱好者渴望得到技法方面的指导与启发，本书就是针对这种情况而编写的。笔者长期从事大学书法教学与研究工作，在与学生及社会上书法爱好者接触过程中，了解到其中热爱和学习行书的人数众多，有的因苦于缺乏指导而长期不得要领。有鉴于此，本书将行书技法作为分析介绍的重点，同时辅以必要的基础性的书学理论，以期使行书爱好者在阅读理论的同时，对照技法实践进行思考和训练。

书中首先介绍了行书的起源与行书名帖的艺术特色，分析了行书的基本特点与临习方法，指出行书创作应持有的审美价值取向。而后分别介绍了常见书法幅式的特点及创作方法，并以作者自书的行书作品作为分析对象，以研讨行书书写与创作的技法问题。试图用这种方法，使读者对行书技法有一个更直观的了解，在此基础上加强练习，日积月累，期有所成。书中的"作品示例"，仅仅是为了说明问题而举的例子，并非示范作品，其中难免缺点多多，请读者观赏时加以辨别，也请书学大家予以指教。

"等闲识得东风面，万紫千红总是春"。作者衷心希望这本小书能给行书爱好者带来些许帮助，伴随更多的同道一起走向成功的明天！

本书由淮北师范大学学术出版基金资助出版，特此致谢。

郜锦强

癸巳之夏于淮北师范大学

书法艺术教育研究所

第一章 行书起源与名帖赏析

一、行书的起源

行书,是一种很特殊的书体,它既有很强的实用性,又有很高的艺术欣赏价值。与篆书、隶书、楷书相比,它写得快,很灵动;与草书相比,它好写好认,受众面广。因此行书起源很早,它伴随着人类开启文明的脚步一路走来。启功先生在其主编的《中国美术全集·书法篆刻编》中说,在商代甲骨文的书写上,就有"纤细谨密"与"草率奇恣"的区别。大家经常引用的商代一个白陶片墨书的"祀"字(图1—1),就是用毛笔"行写"的,看上去有粗、细、疏、密的变化,结体生动而有灵气,后世行书的结体特点在此已经有所体现,但还没有形成行书书体。到了秦代,随着大一统国家局面的形成,社会管理工作任务量增大,对文字书写的速度提出了新的要求。于是出现了像《秦始皇二十六年诏》(图1—2)、《秦二世元年诏》(图1—3)那样"急就"而成的公文类"草篆"。在此基础上,发展为《秦律十八种简》(图1—4)那样"行写"因素更明显的书体,如其中的"曰"、"问"、"弗"、"司"、"八"、"月"、"而"等,已明显具有行书的意趣。到这时,行书书体的雏形已经出现了。

到了汉代,由于生产力的发展,对汉字书写提出了更高的要求,书写技法也日趋成熟。加上专门从事文字书写人员的大量增加,书写中的"行写"现象更加普遍。如1972年出土的马王堆汉简,是西汉早期文、景时期的文字,已出现明显的"草体化"倾向。西汉成帝时的简册《王杖诏书令册》(图1—5)上的文字,已经明显具有行书因素了。如其中的"以"、"人"、"伤"、"母"、"告"、"初"等,已有现代行书的迹象。而东汉元和二年左右的《公羊传砖》(图1—6)和东汉熹平元年陶瓶(图1—7)上的文字,与现代行书的结体相比,已经没有本质上的区别了。因此可以说,行书书体到汉代已基本成型了。

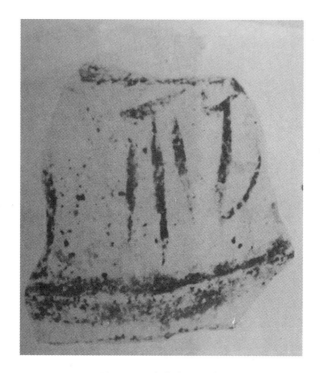

图 1-1　商代白陶墨书

图 1-2 秦始皇二十六年诏

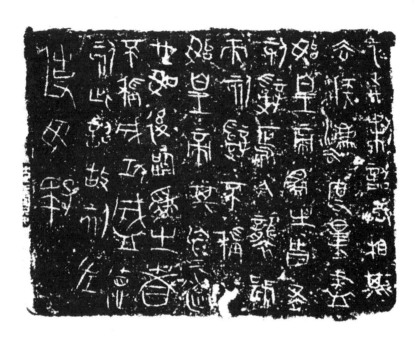

图1-3 秦二世元年诏

图1-4 秦律十八种简

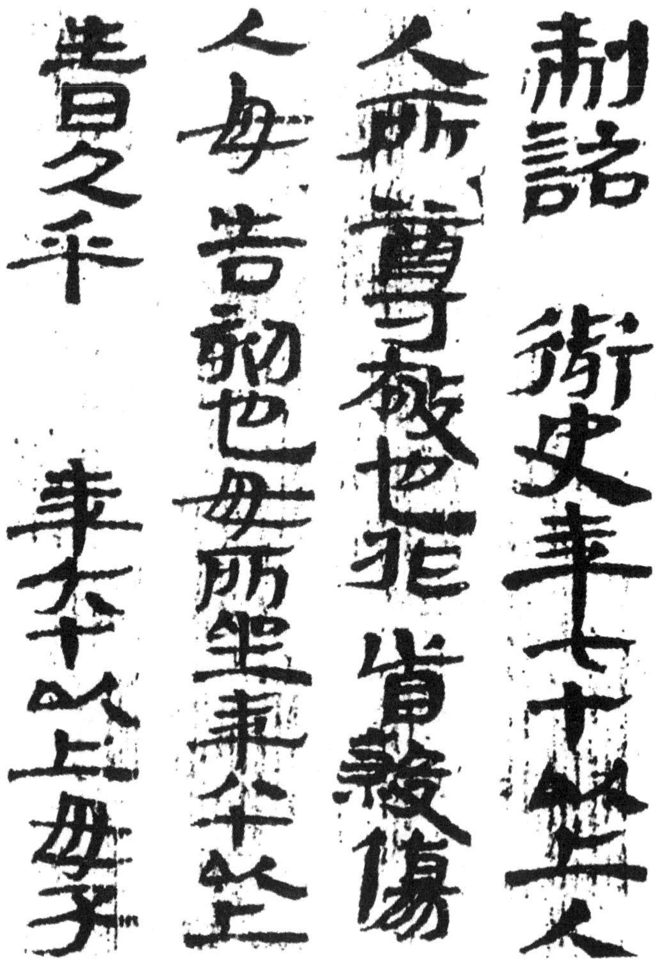

图1-5 王杖诏书令册

图1-6 公羊传砖

图 1-7　熹平元年陶瓶

到了三国时期,出现了像刘德升、钟繇、胡昭这样的行书大家,他们对行书书体进行了规范、整理。与此同时,刘德升还开门授徒,广为传播行书的书写方法。西晋卫恒在《四体书势》中说:"魏初有钟、胡二家为行书法,俱学之于刘德升。"这些活动,均为后世行书的繁荣发展打下了良好的基础。到了东晋,王羲之再次对行书进行规范,形成被时人称为"今体"的行书书体,一直传承至今。王羲之之后,行书在书体上再没有出现根本性的改变,而只有书法家个人书写风格的不同而已。因此,我们可以将行书的起源归纳为:萌于秦,成于汉,规范于魏晋。

二、行书名帖赏析

行书发展到晋代以后,名家灿若群星。本书选择三种不同书风的行书名帖,作简单评介,学习者可以根据自己的兴趣和已有基础,选学其中一种,或兼而学之。

(一)《兰亭序》

《兰亭序》(图1-8)是东晋时期最著名的书法家王羲之的代表作,被称为"天下第一行书"。据传,《兰亭序》真迹为唐太宗李世民所至爱,作为其随葬品被带入了陵墓。现存《兰亭序》摹本有数种,世人以冯承素摹写的为最好,被称为"下真迹一等"。

王羲之(303~361年),字逸少,生于西晋末年,主要生活于东晋时期,曾官至右军将军,故后人常称其为"王右军"。他出生于著名的王氏世家,祖籍山东琅琊(今山东临沂)。西晋末南迁以后,定居在会稽之山阴,即今浙江绍兴。王羲之自幼酷爱书法,七岁时即擅书名,曾拜卫夫人(卫铄)学习书法。后来他渡江北游时,发现了历史上诸多名人书迹,尤其见到钟繇、蔡邕、张昶等人的书法,赞叹不已。由于他博采众长、书艺超群,方写出了彪炳千秋的《兰亭序》,他也因此被后世誉为"书圣"。

《兰亭序》无论是内容还是书法艺术均堪称杰作,尤其是书法艺术,至今仍被奉为"神品"。《兰亭序》的书法艺术,用最简单的语言概括,就是平淡自然、高雅妍美。

《兰亭序》全文共28行,324字。书写于东晋穆帝永和九年,即公元353年。当时东晋王朝经过30多年的休养生息,政权已趋稳定,百姓殷实,社会安定,大有歌舞升平之势。在这一年的暮春三月,王羲之同家人及亲朋好友游春观光,以消不祥之气,时称"修禊"。在茂林修竹之间、山水环绕之处,"天朗气清,惠风和畅","群贤毕至,少长咸集",大家兴致勃勃,饮酒赋诗,是为历史上有名的"兰亭雅集"。所作诗歌乃编为一集,名为《兰亭集》,王羲之的《兰亭序》即是为此诗集作的序言。其文章内容由大自然美好的景观,想到人生苦短、时光流逝如白驹过隙,想到人生的快乐与痛苦、生与死等等,感慨人生虽"世殊事异",但"所以兴怀,其致一也",感叹"后之览者,亦将有感于斯文"。这样一篇由景抒情、由情发论的短文,王羲之在饮酒微醺之后,拿起鼠须毛笔,一挥而就。整篇看去,从容自如,多彩多姿,变化无穷。谋篇布局自然天成,如行云流水,无一处做作但又处处精严,形神兼备,仿佛赋予了其生命的意义。明代著名书法家董其昌评论说:"其字皆映带而生,或小或大,随手所如,皆入法则,所以为神品也。"可以说,《兰亭序》在章法、结体、运笔等多方面的艺术,都达到了炉火纯青的程度,因此被称为"天下第一行书"。其中,最突出的特点是在用笔上。

王羲之一贯重视用笔。在据传是王羲之所作的书论中,多次强调"用笔"。如在《用笔赋》中说:"至于用笔神妙,不可得而详悉也。"在《书论》中又说:"夫书字贵平正安稳,先须用笔。"《兰亭序》用笔精严,神妙无比。一是技巧丰富多变,在变化中求得统一。二是笔画生动灵活,有空阔跃动之感,正如包世臣所说:"其笔力惊绝,能使点画荡漾空际,回互成趣。"三是感性铺排、理性控制,是理性与感性的完美结合,因此,有冲和中庸之美。当然,这些都是就唐冯承素摹本而言,摹本被称为"下真迹一等",想必原作会更加精妙。因此,《兰亭序》作为行书艺术最完美的代表,成为历代书法家追摹的最佳范本,是当之无愧的。

(二)《祭侄稿》

《祭侄稿》(图1—9)又称《祭侄文稿》,是唐代著名书法家颜真卿书写的一份行书手札。

颜真卿(709~785年),字清臣,京兆万年(今陕西西安)人,其祖籍为山东琅琊(今山东临沂)。颜真卿自幼酷爱书法,曾因买不起纸笔,以"黄土扫墙习学书字"。中举为官以后,曾慕当时的"草圣"张旭之名,拜其为师学习书法。"安史之乱"时,他为平原太守,故史称其为"颜平原"。为平安禄山叛乱,颜真卿与常山太守即其堂兄颜杲卿联合抗敌,后常山被敌所围,由于粮尽援绝,其兄颜杲卿、其侄颜季明均被敌所害。战事结束后,颜真卿派另一侄儿颜泉明前去寻找颜杲卿、颜季明尸骨,结果杲卿失去一足,而季明仅得其首。面对兄、侄遇害的惨烈之状,颜真卿怀着极其悲痛和义愤的心情,写下了名垂千古的不朽杰作——《祭侄稿》,它被誉为"天下第二行书"。

《祭侄稿》从叙述个人身份和追记其侄季明往事开始,想到"逆贼"作乱,常山郡终为敌兵所陷,而"贼臣不救",终致"孤城围逼,父陷子死"的悲壮结局。尤其是看到兄、侄尸骨不全时,更是义愤填膺,写出了"抚念摧切,震悼心颜"的悲痛之情,两次又悲又怒地感叹"呜呼哀哉"!全文集惋惜、悲痛以及对见死不救的"贼臣"的愤恨和对敌人的痛恨之情于一体,百感交集,愤而迸发,终成千古绝唱。由于书写这样特定的内容,加上颜真卿以豪放、外拓为主要特征的书法艺术,《祭侄稿》写得大气磅礴,雄强苍茫,无计工拙而酣畅淋漓,悲愤激越之情,跃然纸上。全文用笔古朴浑厚,笔画粗壮,中锋为主,偶出方笔,力度彰显。运笔过程中任意挥洒,笔随情走,情由笔炫,书写内容与表现形式高度一致,显示出颜真卿高超的书法艺术与深厚的笔墨功力。

《祭侄稿》最大的艺术特色在于形式对内容的表现充分自然,彰显无遗,是情与艺、内容与形式完美结合的典范。《祭侄稿》既是一份悼念亡侄的祭文,又是一份声讨"逆贼"、"贼臣"的檄文,情感十分强烈。为表达感念、愤激之情,作者忘我地挥洒开来,章法于无意中开拓张扬,笔势雄奇,整幅作品神采飞扬,大有直指被斥者的脸面之感。这种用特有的艺术形式直抒胸臆的做法,值得我们在进行书法创作时学习和借鉴。后人评论唐人书法"尚法",而《祭侄稿》已经有"尚意"的强烈表现。

(三)《蜀素帖》

《蜀素帖》(图1-10)是北宋著名书法家米芾所书自作的8首各体诗。由于是写在四川产的丝绸上的,故称为"蜀素帖"。

米芾(1051~1108年),字元章,襄阳(今湖北襄樊)人,后迁居丹徒(今江苏镇江)。米芾主要生活在北宋中、后期。他一生未做过大官,仅凭其母曾是宋英宗皇后高氏的乳娘而步入仕途,其最高官职为礼部员外郎,"服五品"而已。虽然其在字画方面颇得宋徽宗赏识,但始终没能在仕途上一展抱负。也可能是这个原因,米芾一生倾心着力于字画艺术,且装疯卖傻,清高孤傲,以至被称为"米颠痴顽"。

米芾的书法,早年学颜真卿,继而改学欧阳询、褚遂良,后又上溯魏晋法帖,于"二王"得力最多。其早期书法曾被讥为"集古字",中年以后渐成自己的风格,世称"米字"。苏轼评价他的行书:"当与钟(繇)王(羲之)并行,非但不愧而已。"其行书艺术对后世影响很大,其中《蜀素帖》最为著名。

《蜀素帖》系米芾38岁时所书。相传此段"蜀素"为邵子中所有,拟留待名家题字作珍藏,可是传了三代,竟无人敢写。后被米芾所遇,留下了世所珍爱的墨宝《蜀素帖》,现存台北故宫博物院。《蜀素帖》与米芾的其他书法作品相比,整体看去比较规整,章法趋于平淡。但字体结构追求奇险,变化多端,运笔中多种技巧并用,技法丰富,纵横欹侧相伴,笔画之间相辅相成,辩证地统一在一字之中。由于是在丝织物上作书,涩滞难写,故出现了一些"刷字"的迹象,正体现了米芾"风樯阵马,八面出锋"的书写特色。明代著名书法家董其昌曾在《蜀素帖》上题跋云:"此卷如狮子捉象,以全力赴之,当为生平合作。"《蜀素帖》称得上是"米字"中的精华。笔者认为,应将其列为"天下第三行书"。但长期以来,苏轼的《黄州寒食诗帖》被认为是"天下第三行书"。对此,似可作一讨论。

毋庸讳言,就诗的艺术性而言,《蜀素帖》无法和《黄州寒食诗帖》相比,但若论书法艺术,则《蜀素帖》要远胜《黄州寒食诗帖》。首先,《黄州寒食诗帖》是苏轼随意写的一幅手札,并非有意创作的书法精品,而米芾则是有备而来,着意要创作一件传世作品,两人在书写作品前的精神状态不一样。有强烈创作愿望的书法作品,其"精、气、神"诸方面的表现会不同一般;其次,就两件作品创作手法的丰富性而言,《蜀素帖》要比《黄州寒食诗帖》丰富得多;再次,从对后世书法艺术发展的影响力而言,《蜀素帖》的影响要比《黄州寒食诗帖》深广得多。由于"尚意"性更强,《蜀素帖》中不少字的结体、笔画、笔势运用了夸张的手法,显得奇险、浪漫,更富审美情趣,更吸引书法临习者欣赏和模仿,仅以本书所引"《蜀素帖》局部"为例,开头短短五行字,就有"牵"、"花"、"旖旎"、"舒"、"光"、"射"、"见"等字运用了夸张甚至变体的手法,从而增强了作品的动感和灵气。这些书写手法对当今"流行书风"也起了一定的启发作用。可以说,凡写行草书的书法家和书法爱好者,无不曾反复临摹、诵读《蜀素帖》,从而受到熏染。《蜀素帖》对书法界的这种巨大影响力,还将一代一代地传承下去。而《黄州寒食诗帖》虽然影响也很大,但远不如《蜀素帖》那样深广,那样令追慕者刻骨铭心。因此,笔者认为,米芾的《蜀素帖》应排在《兰亭序》和《祭侄稿》之后,列为"天下第三行书"。

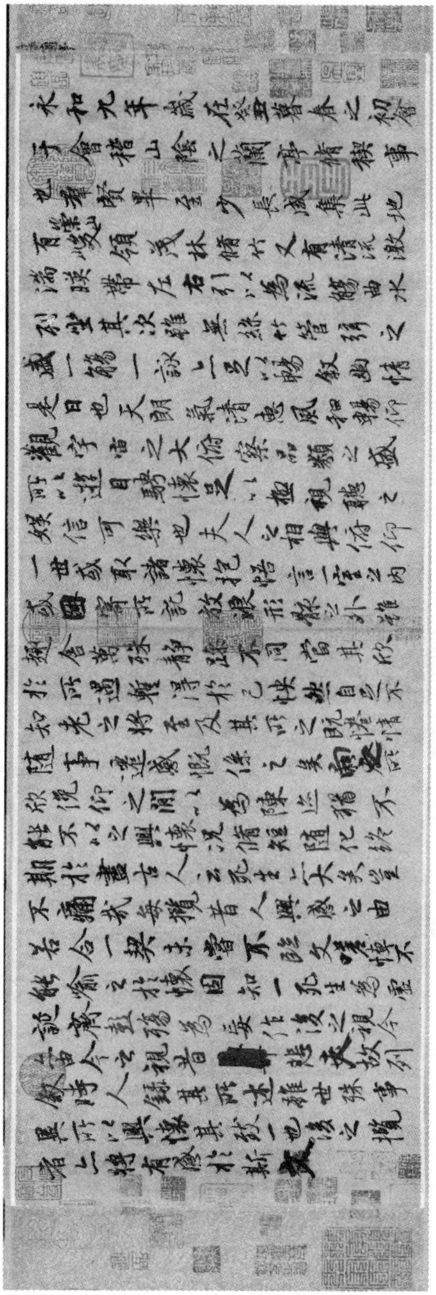

图 1—8　《兰亭序》

图1—9 《祭侄稿》

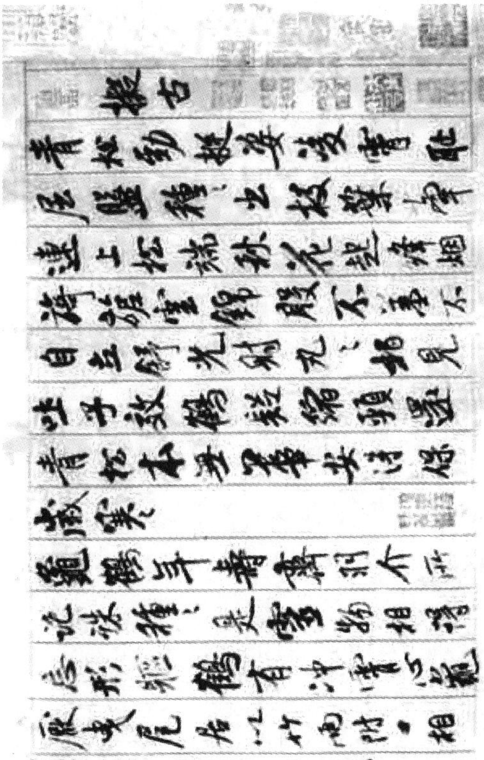

图 1—10　《蜀素帖》(局部)

第二章　行书特点与临习方法

一、行书的基本特点

行书的书面形态介于楷书和草书之间。唐代张怀瓘在《书议》中说："夫行书，非草非真，离方遁圆，在乎季孟之间。"这句话虽然很简单，却道出了行书最基本的特征，即它既不是草书，也不是真（楷）书，既不强调方笔，也不强调圆笔，而在它们（草书、真书）二者之间。具体说来，行书有如下特点：

（一）行书的结体特点

与楷书相比，行书运笔速度快，线条灵动而充满灵气；笔画运行的位置时有变化，如米芾《蜀素帖》（图1—10）中的"牵"、"旖旎"、"花"、"起"、"射"、"华"、"得"等，其中，某些笔画的结构位置出现了明显的变化，有的被夸张了，有的变形了，有的进行了合并，还有的笔画作了压缩，成为另外笔画的映衬，从而增强了审美情趣。这一点与草书相似，草书也有这些变化。但草书在结体上常常减少笔画，而行书基本不减少笔画。这又是行书与草书不同的地方。草书在运笔过程中，由于感情的强烈宣泄，有时会省减大量笔画，甚至变得面目全非，与行书、楷书结体相比似乎不是同一个字。而行书虽结体灵活、线条多变，但基本不减少笔画。

（二）行书的用笔特点

无论书写何种书体，用笔都是十分重要的。王羲之在《用笔赋》中说："用笔神妙"，赵孟頫也说"书法以用笔为上"。行书的用笔，比楷书灵活，侧锋、中锋、使转等兼而用之；在运笔过程中，粗细、轻重等多有变化。苏东坡评价米芾的书法"风樯阵马，八面出锋"，主要是指他的行书用笔。

但值得注意的是,我们不能因此而故弄玄虚,生硬地使书写的笔画奇粗奇细、奇轻奇重等等,要按照行书的结体特点与书写内容及书写形式的需要而用笔,从而达到蔡邕在《九势》中说的"唯笔软,则奇怪生焉"的艺术效果。

另外,行书在运笔过程中要保持流畅不滞,方可显出灵气,最忌行笔中间停顿形成墨团。这种现象,书法人士常称为"堵",即不贯气了,那样就失去行书艺术的本色了。因此,这是我们在创作行书作品过程中必须极力避免的。但有些书法家在书写行书作品时,有运用"涨墨法"的现象,如清代的王铎、现代的林散之等。"涨墨法"的"涨墨"是运笔过程中自然形成的洇润之象,并非"滞笔"的结果,与运笔停顿形成的墨团有根本性的区别。在书写中要做到流畅不堵,最好在创作之前打好腹稿,或书写出草稿,做到王羲之在《书论》中说的"意在笔先"。即把要书写的内容从大的布局到细微处的安排,都考虑周到,然后再下笔,才会顺畅悠然、一挥而就。"千红万紫安排著,只待新雷第一声",达到这样的状态时,写出的作品就会像春风吹拂万物那样,生机盎然。总之,行书的用笔特点是:急缓得当,流畅自然,不事造作。

(三)行书的用墨特点

行书,由于其结体流畅萧散,在用墨方面,总体要求是平和舒展,使作品呈现出"行云流水"般的艺术效果。但这并不是不要变化,而是要把握好浓、淡、枯、润变化的"度"。这方面,不同书法家的作品呈现出不同的用墨效果:如王羲之的《兰亭序》,以平和、简净、淡雅为主,没有太大的反差变化;苏轼的《黄州寒食诗帖》,几乎一种墨色到底,给人以洇溢温润之感;而米芾的《蜀素帖》则多呈现出用墨的枯润变化,故有"刷字"之说。墨色的多变,使得"米字"原本结体险峻的艺术特色更加突出。一般地说,书法爱好者在书写行书作品时,不必太着意追求用墨的强烈对比,先以平和用墨为主,运笔过程中稍出变化,待艺术水平达到一定高度,初步形成自己书法风格的时候,再作深入的探讨和尝试。不要一开始上路就苛求墨色变化,因为如果把握不好的话,可能会出现一些不当的写法,反而会成为一幅作品中的"败笔",是十分可惜的。因此,行书的用墨特点应该是:平和用墨,浓淡得体,反差有度。

二、行书的临习方法

了解了行书的基本特点,就要加强临习,学习经典法帖的书法语言,以运

用于行书创作。在行书临习过程中,要注意如下两个问题:

(一)选择合适的法帖作为临习范本

在我国辉煌悠久的书法史上,各种行书字帖数不胜数,到底临写哪一家呢?通常情况下,选择的原则是:第一,选择自己比较喜爱的书体的法帖。孔子说:"知之者不如好之者,好之者不如乐之者。"只有喜爱它,才能激起学习的兴趣,有了浓厚的兴趣,才会乐此不疲,十分投入地钻研、临摹而又非常愉悦,这样也才能坚持学习,取得好的学习效果。第二,选择与自己的性格特点相吻合的法帖。书法史上的名人名帖,都是在特定的历史背景下,由特定性格特点的人书写出来的。反映在书法作品中,于是出现了平淡自然、高雅妍美的书风;雄强遒劲、粗壮苍茫的书风;精严规整、肃若秋霜的书风;空灵飘逸、时出禅意的书风;也有大开大合、不厌繁复的书风;还有寓巧于拙、天真烂漫的书风;也有任其自然、淡如秋菊的书风;也有如行云流水、闲庭信步似的书风,等等。从这些字帖中,选出风格比较接近自己性格特点的进行临摹。比如,你是一个追求完美、性格儒雅的人,就以学习《兰亭序》以及与其相仿的书风为宜;如果你是一个豪放厚重、侠义刚烈性格的人,就应该选学颜真卿的《祭侄稿》及与其相类的雄强遒劲的法帖;如果你是一个求新求奇、追求险峻性格的人,就选择米芾的《蜀素帖》、《苕溪诗帖》等进行临摹和学习,等等。当然,这种说法不是绝对的。只能说,如果这样选择法帖进行学习,效果会好一些。这也已经为很多书法家的实践所证明。第三,选择与自己原有的书写基础比较相类的字体进行学习。第四,在上述各条相同或相近的情况下,尽量选择古代的法帖进行临摹,以增强古韵,祛除俗气。

(二)选择科学有效的临习方法

在行书临习过程中,有多种方法可交替使用。

第一,对选好的法帖进行"通临",即对照字帖从头到尾一字不漏地临写。这样做是为了熟悉该书法大家的基本书法语言、运笔习惯、结体特点等等,以便用书法大家的书写规范来训练我们的书写意识和书写动作,祛除在初学过程中出现的不良习气。

第二,在通临的同时进行"个临",即专门选择字帖中有特色的字进行临写。"个临"的目的,是学习书法大家的书写细节,即特殊的结体特点、运笔方法等。如米芾的行书《蜀素帖》中的"同"、"诵"、"舟"、"洞"等(图2-1),其右半部的竖钩,都是向右取势,向左倾斜,形成字体内部的力感和动感,其竖钩和右竖之间的夹角,一般不超过 20 度,这种结体方式,表现出"米字"爽利、险峻的特色和米带求险求奇的书写意识。对这样的单字认真进行"个临",并能将这些写法体现在自己的创作中,便会使人感到有"米字"气象,做到"有所本",而不再是以前的"自由体"。

图 2-1

第三,背临,即在临摹的基础上,合上字帖,按照自己记忆中的印象书写字帖上的原文,如果能够很顺利地写下去,而且比较忠实于字帖上的结体、笔顺、笔势,就说明已经基本掌握了这种字体的书写方法,可以进行下一个练习步骤。

第四,脱帖练习,即选择其他内容,按照学来的字帖上字的写法,写成"书法作品"。这种"作品",其字体、字势基本上是临帖学来的"集合体",或称之为"集古字",还不是自己的书法创作。但这个阶段很重要,它是由临帖到书法艺术创作的过渡。只有这个步骤走好了,今后的创作才会有坚实的基础和可靠的保证。有的书法爱好者这一步没有走熟练,就开始"创作",结果会出现远离原帖、依然故我的状态。因此,要认真走好"脱帖练习"关,而不要急于求成,过早地进入创作阶段。

在行书临习过程中,尤其是在"脱帖练习"阶段,最容易出现三种不良情绪,要注意防止和克服:一是急躁情绪。有些书法爱好者在临习过程中往往过高估计了自己的技法水平,在"对帖临摹"时觉得已经"得心应手"了,但一进行"脱帖练习",便发现写得与原帖"不像"了,因而非常急躁。这时要认识到,"脱帖练习"与以前的临摹已有很大不同了。以前是临习一个一个的单字,现在是练习"创作"整幅的作品,已经不是一个层次了。因此,完全没有必要急躁,而应当老老实实地练习。二是沾沾自喜的情绪。经过"对临"、"背临"进入"脱帖练习"阶段,会使书写水平有很大提高,甚至听到一些鼓励性的评价,于是容易沾沾自喜起来。这种情绪常会使临习者浅尝辄止。不言而喻,能够"写像"自己所临法帖的字体,是一大进步,但还不是我们最终的目标。我们学习书法的目的是通过临写古人、名人的法帖,掌握书法的一般书写规律和基本方法,用以创作出具有艺术欣赏价值及个人艺术风格的书法作品,而绝不是照抄别人的作品或字体。在"脱帖练习"阶段,能够"写像"某家的字体,只是学习进程中必然会出现的现象,离我们要追求的目标还相差甚远,往后还有大量的练习要做,因此没有任何值得沾沾自喜的理由。三是出现畏难情绪。有的书法爱好者进入"脱帖练习"阶段后,发现有的字不如以前"对临"或"背临"阶段写得好了,尤其是遇到原帖中没有的字,竟不知如何处理了,因而陷入困惑悲观情绪之中。须知,书法练习是一个长期的过程,不可能一蹴而就。悲观情绪的出现常常以急于求成的急躁情绪作先导,过早地从"临摹"阶段进入"脱帖练习"阶段,临写尚未熟练,脱帖后,就可能在书写原帖字体时,不能驾轻就熟,出现捉襟见肘的现象,多次不能如愿,便悲观畏难了。因此,出现这种情绪时,首先要检讨自己是不是"脱帖"过早,如果是,还应当回到"背临"甚至"对临"阶段,加强临摹训练。同时要调整自己的期望值,树立必胜的信心,总结经验教训,坚持长期练习,方能到达成功的彼岸。

第三章　行书技法与审美取向

　　行书临习到一定程度,就可以尝试创作,或一边临习,一边创作。在行书创作中,首先遇到的问题就是技法与审美的价值取向问题。即以什么样的技法体现书法美？体现什么样的书法美？在这里应当强调的是,行书在创作技法上,首先要处理好发扬传统与标新立异的关系,将技法的追求和取向放在"规范性"上。

一、行书技法的传承与创新

　　千百年来,一代又一代成就卓著的书法家,进行了长期、深入的探索,积累了丰富的行书书写经验,形成一套完整的行书书写规范。正是因为有了这些规范,才使得我国的书法艺术一步一步发展到今天这样璀璨夺目、举世无双的地步。因此,在行书创作过程中,首先必须尊重传统、发扬传统。在此基础上标新立异,形成具有个人特色的书法艺术风格。历史上成名的书法家,无一不是这样走过来的。如被尊为"书圣"的王羲之,如果没有多年的勤学苦练,而后渡江北上,博取众家之长,是无法变革古法而自成一体的；颜真卿如果没有"以黄土扫墙,习学书字"的刻苦练习,没有书法大家张旭的严格指导,也不可能在继承传统的基础上独树一帜,成为有唐一代的书法大家,写出被奉为"天下第二行书"的《祭侄稿》。凡此种种,都是先打好传统的规范性的基础,才有后来的变法创作,形成自己的风格。传统的东西,往往是经过实践检验的、带有规律性的东西,而任何艺术技法的发展与提高都不能离开规律的约束。

　　但是,这绝不意味着要墨守成规,不进行创新。行书技法水平提高的关键之处,就是要在前人已有的技法基础上进行再创造、再发展、再前进,使之更加规范化、科学化、艺术化。在此过程中,百花齐放,突显个性,是应该充分肯定的,也是大有好处的。只是在发展个性的同时,不能忘记传统,忘记书法艺术创作自身的规律,要在规范的范围内尽情发挥。而不是盲目张扬个性,片面强调求新求奇,以致"怪体"丛生、"作秀"成癖。这样不仅不能发扬优秀传统,引领创新书风,反而会影响书法艺术创作的声誉。

令人遗憾的是,近年来有些人基本功不扎实,却打着"创新"的旗号,实际上是靠"作秀"来误导读者的视觉。他们或把字写得非常怪,人称"鬼怪式";或把某画拉得特别长,或把某画涂得特别粗,或把某字过度"形象化"地夸张,类似于摹物作画。更有甚者,满幅字简直就是"鬼画符",让人看了不知所书何字,更谈不上欣赏了。这正如钟明善在其所著《书法欣赏》一书中批评的那样:这些人"既没有受过书法技法的基本训练,又不研究传统书法艺术规律,更不花力气去提高自己的道德修养、文化修养、艺术修养。他们画字、摆字、描字、做字,把各种现代中外低等绘画、粗劣工艺制作、民间画字谋生的种种技术措施都用于制造'创新'之书法作品。描、抹、涂、改,矫揉造作搞出一些'作品'去骗文化程度不高的中国人和不懂中国书法的外国人,实在令人恶心"。他呼吁"有志于书(法)的青年朋友,千万不可在书法艺术道路上走捷径、贪便宜、误入这类打着'创新'旗号的邪路"。而应当老老实实地学习传统、发扬传统,在传统的基础上创新,在传统的规范中融入我们伟大时代的特色。

在我国漫长的书法史上,不同时代的书法家,在各自特定的时代背景下,加上自身特定的艺术修养,创造了各具特色的书法艺术风格。学习何种风格,书法家和书法爱好者都有自己选择的自由,但是在实际运用时,不要忘记我们所处的伟大时代。我们的时代,是一个前所未有的以人为本、共创和谐、共奔小康的时代,是国泰民安、天下太平的盛世,加上我国地域辽阔,人口众多,国力、民气超过历史上任何一个时代。因此,这是一个追求健康、向上、高雅文化的时代。我们的书法艺术就是要根据这样的时代特点,进行风格定位,进行艺术规范。在这个前提下,提倡大气、开张、雄强、遒劲、苍茫、高雅、明朗、秀美、流畅、亲和力强的书法艺术风格,才能符合时代的需要和欣赏者的需求,从而引领和推动新时期书法艺术的健康发展。

二、行书的审美价值取向

从上述基点出发,我们在进行行书创作时,应当把审美价值取向放在"艺术美"上。

美,之所以作为一种价值而存在,是因为人类有欣赏美的需求。正如黄海澄在其所著《艺术价值论》中指出的："美作为一种价值,即审美价值,实际上是人的价值,是人的善的、有益的、高级的本质。"那么,书法既然是中华民族特有的艺术形式,无疑它应该向人们展示其特有的"善的、有益的、高级的"审美表征,从而体现其健康的、丰富的艺术美。

书法与绘画不同,它没有具体的物象形态可供欣赏,书法作品所具有的只是线条的有规则地组合,统一在一种有机的章法布局之内,从而形成自己特有的生态表征,体现其特有的艺术美。书法的艺术美,主要体现在如下几个方面:

一是线条美。邱振中在《书法》一书中指出:"我们可以把书法作品看作由一些运动着的毛笔线条在纸平面上不停分切空间而得来的图形。"他又指出:"线条的推移是一切书写线条都具备的运动特征,不是哪一种线条的专利。然而,线条极为复杂的内部运动却只为毛笔书法所独有,其他任何一种书写工具所作出的线条都不能形成如此复杂、如此丰富的内部运动。这种内部运动是使中国书法发展为一种意蕴深厚的独立艺术的最重要的构成因素。"对这种说法,虽然还有不同认识,但任何一幅书法作品都是由各种各样优美的线条所组成,则是不争的事实。那么,如何在运笔中使线条的运行更加流畅、更加灵动、更加优美,是当代书法家需要不断探索的技法问题。如要书写"寿"字,就要把握线条的流动和组合,尽可能将"寿"的审美效果全面展现出来。孔子曰:"仁者寿。"寿,代表着人的生命力的旺盛和绵长,代表健康、灵动和生命气息。那么在线条的处理上,就要充满生机和活力,不能写得呆滞、绵软,死气沉沉。如果是一个印刷体的"寿",那只能是一个汉字"寿",而不是艺术化的书法意义上的"寿"。这就是线条美带来的审美效果。

二是章法美。毛笔书法,由于其自身特殊的书写工具,在章法布局方面有着独特的视觉效果,是其他书写工具所无法达到的。对于一幅书法作品而言,章法艺术分为三个层面:第一层面指宏观章法,即通常所讲的"分行布白"或"结构布局"等,主要指一幅作品中的正文、题款、印章三个重要组成部分的整体安排。如:所选择的书写内容属于什么样的感情基调,书写成什么样的风格,写成什么幅式,共分几行,每行多少字,题款写成什么形式,印章钤在何处,钤几枚等等。第二个层面指中观章法,即通常所讲的行际之间的距离、呼应、字与字之间的顾盼、牵丝,字体大、小、浓、枯搭配,等等。第三个层面指微观章法,即通常所讲的结体、笔势、笔力等,即在一字之内,每一笔画的长短、粗细、浓枯以及运笔所走的路线,笔画与笔画之间的呼应、顾盼,等等。上述三个层面的章法处理得好,就会共同构成行书作品特有的章法美,欣赏时会感到韵味无穷。

三是充分挖掘书法艺术固有的审美内涵，展示书法艺术自身的"生态美"。在我国源远流长的书法史上，出现了众多名垂青史的著名书法家和书法精品，承载着丰富的人文精神和丰厚的艺术财富。其中既有书法艺术自身的审美价值的呈现，也有汉字固有的"生态美"作基础，因为书法艺术的形体本源是汉字。黄德宽在其所著《汉字理论丛稿》中说："汉字的价值不是后人主观随意的'给定'，而是特定历史文化中的固有内涵。"他又说："从发生学的角度看，实际上几乎所有早期汉字的构形都根源于对具体事物或现象的感知。假如没有高度的具体把握并传达事物或现象特征的能力，'初造书契'的人们根本不可能通过汉字构形来呈现如此多姿多彩的事物形象。"可见，汉字本身就具有"多姿多彩"的生态美和丰富的文化内涵，这些基础性的先天条件，加上一代又一代书法家的艺术探索，创造了丰富多彩的书法形态和各种各样的书法艺术风格，呈现出书法艺术自身固有的生态美，留给我们去欣赏、去挖掘，从而汲取营养，博采众长，创造出具有我们这个时代特征的书法生态美。

四是书法艺术中蕴含的"情感美"。如同其他任何艺术形式一样，书法艺术同样饱含着作者的感情。有的甚至在书法创作过程中情绪非常激烈，如据《新唐书》记载，"草圣"张旭在书写时"每大醉，呼叫狂走，乃下笔。或以头濡墨而书，既醒自视，以为神，不可复得也"。他的草书完全是激情的宣泄和喷发，因而笔走龙蛇，气壮山河。当然这是比较极端的例子，一般人难以做到。但书法艺术带有作者的情感，这一点则是古往今来的书法家、书论家的共识。唐代孙过庭在《书谱》中分析书写过程中的"五乖五合"，其中三条讲的都是创作情感问题：一是"神怡务闲"，二是"感惠徇知"，三是"偶然欲书"。充满创作激情的书法作品，让人一看就感觉生动、鲜活、富有灵性，常使欣赏者产生发自内心的共鸣，即艺术欣赏过程中的通感效应。这就是书法艺术的情感美所引起的审美效果。而没有创作激情的作品，常使人感到生硬、呆滞、缺乏灵性，提不起欣赏的兴趣。这样的结果，完全违背了书法艺术创作的初衷。因此，在进行行书创作时，要倾注满腔热情，才会使书写的作品富有灵性和艺术情趣。

线条美、章法美、生态美、情感美，既是行书创作中的应有之义，也是行书创作应当自觉追求的审美标准。只有在创作层面树立了正确的审美价值观，才能进而引导欣赏者，共同将书法艺术欣赏的价值取向放在"艺术美"上，从而突出书法这一中华民族特有的艺术奇葩的魅力。

第四章　行书竖式中堂技法

一、幅式特点

中堂幅式,是由我国传统的室内文化陈设发展而来的。在我国民间,常在堂屋或客厅正中摆放一张八仙桌或一条香案,在其上方悬挂一幅书法作品或美术作品,习惯上称为"中堂"。民间传统的中堂,幅式一般都为竖式中堂。由于竖式中堂悬挂方便,彰显力强,会议室、会见厅、宾馆大厅等公共场所也常悬挂,也常作为展览作品。

竖式中堂在规格上,其宽与长的比例一般掌握在1:2左右。如果太宽,易与斗方相混淆;如果太窄,则易与条幅相混淆。

创作竖式中堂时,其章法布局要注重疏密有致,虚实相间,以实为主;结体以凝重、流畅为主。要防止草率、轻浮的写法。字数少的作品,更要注意书写力度,不能写得软绵绵的,要有彰显力和张扬感。用墨宜浓,醮墨宜饱,不宜有太多的飞白与枯笔。个别特殊内容的作品,可视情况作特殊处理,如图4—8的"柳"就写得大气飘逸而多有飞白。但这种情况很少见,不能视为普遍规律。

需要强调的是:有的书法著作把竖式中堂与条幅相混淆,有的甚至把二者统称为"立轴",这是不妥的。"立轴"是书法作品装裱的形式,与书法幅式没有任何关系。因为多种书法幅式,经装裱师的处理,均可装裱成立轴的形式悬挂,并不是只有竖式中堂和条幅才能装裱成立轴的。只不过竖式中堂和条幅装裱为立轴形式的较多而已。少数竖式中堂和条幅,在某种情况下,也有装裱为镜框悬挂的。因此,不能简单地把它们都称为"立轴",而应当正确地表述它们的幅式名称。

二、作品示例

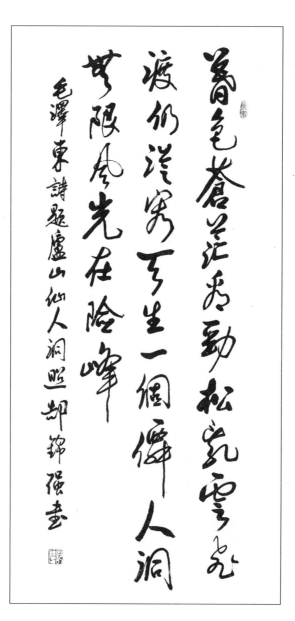

图 4—1

第四章 行书竖式中堂技法

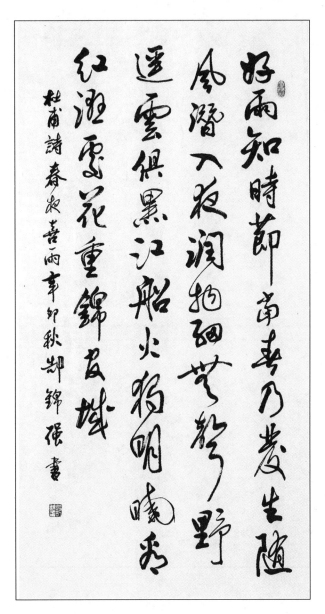

图 4-2

•行书技法研究•

图4—3

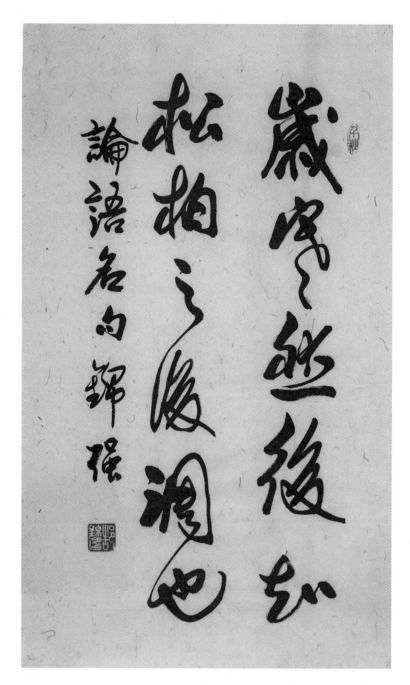

图 4-4

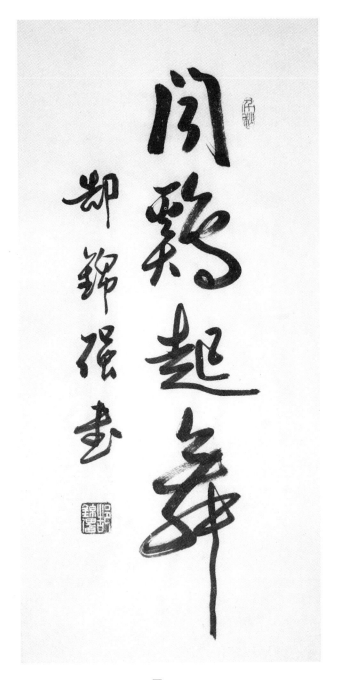

图 4—5

第四章　行书竖式中堂技法

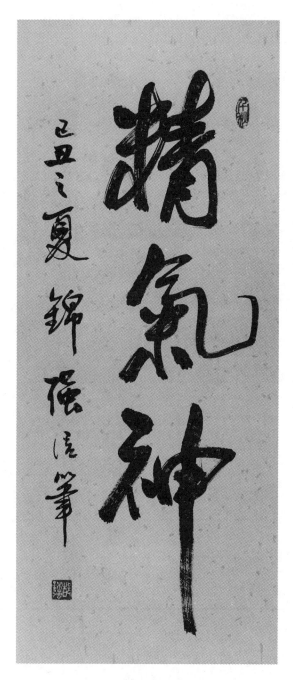

图 4-6

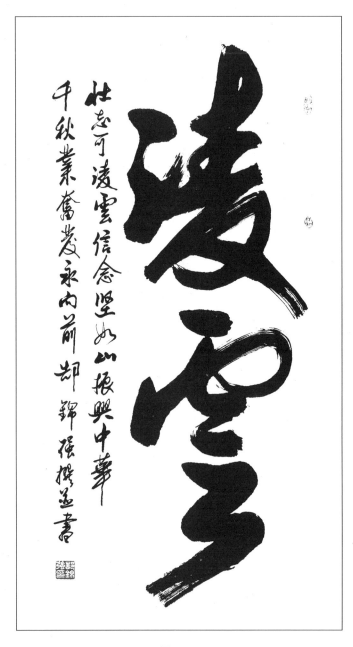

图 4—7

图 4—8

• 行书技法研究 •

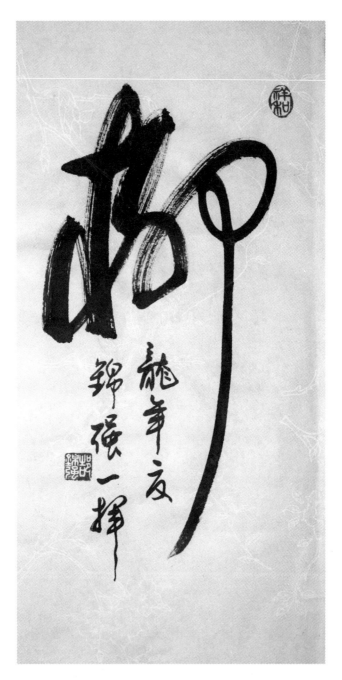

图4—9

三、技法研讨

图 4-1　毛泽东诗:题庐山仙人洞照

　　暮色苍茫看劲松,乱云飞渡仍从容。
　　天生一个仙人洞,无限风光在险峰。

1. 图 4-1:这是毛泽东的一首题照片的诗,由于诗的内容大气、豪迈,鼓舞人进取向上,因此书写这幅作品时要有一股昂扬之气,"散其怀抱",浓笔酣墨,挥洒成篇。行笔不宜过速,少出枯笔;以线条粗细来彰显变化,有些笔画稍加颤动,以增强动感。主题词写完后,末行虽未写满,但另起一行题长款,以显画面开阔、丰满。此类内容最忌写得小气、绵软、零散而失去中堂幅式特色。

图 4-2　杜甫诗:春夜喜雨

　　好雨知时节,当春乃发生。
　　随风潜入夜,润物细无声。
　　野径云俱黑,江船火独明。
　　晓看红湿处,花重锦官城。

2. 图 4-2:杜甫的《春夜喜雨》是书法家和书法爱好者常写的名诗。杜甫生活在唐代由太平盛世转为动乱的时期,曾饱受离乱之苦,一生写了很多反映民间疾苦的诗歌,而《春夜喜雨》则是其为数不多的抒发喜悦心情的名篇。用竖式中堂书写这首诗时,首先要满怀春雨润物、万象更新的喜悦心情,执笔濡墨不宜过饱,至润为宜,行笔宜舒缓,不宜太快;结体宜开张,不宜内敛,有万物喜迎春雨之意象。行距略宽博,线条勿枯燥,全篇给人以"润"的感觉,但又不至于满纸乌黑。"行"中间"草",偶带牵丝,于稳中求变。

图 4-3　朱熹诗:观书有感

　　半亩方塘一鉴开,天光云影共徘徊。
　　问渠哪得清如许?为有源头活水来。

3. 图 4-3:朱熹是南宋著名的理学家,他的这首《观书有感》很富哲理。作者读书读得疲倦了,到院子里稍事休息,却看到了活水不断、清澈见底的池塘,由此受到启发,想到治学也应不断有"活水来",才能逐步充实,成其大器。

因此,书写这样的内容,应表现其规整、理性的一面。为此,本幅作品多用侧锋,线条有力、清爽,在发挥竖式中堂彰显、开张特点的同时,突出其结体、行笔的规整性,笔笔到位,不事夸张,与前两幅相比,显得缜密、严肃,但又不使人感到板起面孔。因为在行笔过程中,也有跃动、连绵之处,避免出现生硬、板结的局面。如"方"、"开"、"光"、"如"、"为"、"活"、"水"等都颇有灵气。

图4-4 《论语》名句:

岁寒,然后知松柏之后凋也。

4.图4-4:"岁寒,然后知松柏之后凋也",是《论语》中的名句,常被人引用。与前三幅作品相比,本幅字数较少。将这样的名言警句,写成竖式中堂,幅面不宜太大,但又要有竖式中堂的幅式特色。为达此效果,本幅作品写得粗壮、雄强,力度突显,与内容十分吻合。本幅作品用的是"草皮宣",比较洇润,起首便以浓笔着纸,缓慢前行,但又不能使其洇成墨团,故要把握好缓慢运笔过程中的"用墨"。为增强整体性,作品中两处运用"牵丝"手法;为避免画面沉闷,"寒"、"之"、第二行的"后",用草体书出;为避免画面太满,落款比较简洁。

图4-5 成语典故:

闻鸡起舞

5.图4-5:这是一个由著名的典故而形成的成语。用"黎明鸡鸣即起舞练剑"的故事,寓"人必须勤奋努力,方可成就事业"的道理。主题词只有四个字,书写时首先要构思好布局。四个字既不能平分画面,也不能奇轻奇重,失去平衡。本幅作品,将首字"闻"写得凝重刚强,面积虽小却很有分量,是运用侧锋、重笔的结果;"鸡"写得萧散、灵动,与"闻"形成对比;"起"则平和中兼有挥洒;"舞"是压轴之字,既不能太重,又不能太轻,故采取开张、快速的运笔方式,令线条不粗不细,末笔微微颤动而显飘逸,中间的枯笔避免了字内的壅堵。最后落穷款以显简洁。

图4-6 词组:

精气神

6.图4-6:"精气神"是书法艺术追求的至高境界,书此三字为竖式中堂幅式,其自身必须体现出"精、气、神"。故本作品以浓墨书之,以增强彰显力。"精",重笔而书,有"力透纸背"之感;"气"则提笔速行,线条柔中寓刚,稍细而外拓,有"折钗股"之气韵;"神"为押卷之字,重新蘸墨,浓笔入纸,行笔缓急交替,末笔先缓后急,微出枯笔,洒脱气韵跃然纸上。落款疏朗而有变化,与主题词相配合,共同实现主题词设定的意境目标。

图4-7 独词配诗:

凌云

壮志可凌云,信念坚如山。

振兴中华千秋业,奋发永向前!

7. 图4-7:这是一幅六尺整张宣纸写成的展览作品,以大字加长款形式构成,抒发了努力奋斗、振兴中华的豪情壮志。"凌",以酣墨中速运笔,线条爽利,切忌拖泥带水,中间枯笔系自然形成,不必刻意追求。末笔轻轻着纸,写成反捺形式,不必拉长,长则易显拖沓;亦不能重按,按则易显臃肿。写"云"时,另行蘸墨,舒缓行笔,以表现"云"之飘逸、向上的动感。末笔快速收笔,于刚中见柔,有轻盈空灵之感。

长款以诗的形式抒写,内容上阐释主题词的含义,形式上与主题词形成对比,增强了画面之美。写此款时,宜疏密有致,把握好与主题词的关系,其字体大小、行距宽窄要得当,切忌壅堵。

图4-8 独字配句:

柳

一遇春风即吐翠,四海为家不染尘。

8. 图4-8:这是一幅用四尺整张宣纸写成的竖式中堂"柳",长款写在上方,相类于中国画的题款,试图追求水墨画的效果。

"柳"写得大气、飘逸,其右半部凝重、老道,类似老柳之稳重刚毅;右半部则萧散、洒脱,力图表现春风荡漾、柳丝摇曳之意趣。上方以诗句形式题款,借赞美柳的品格而推崇勤奋、清廉之风,寓意高雅而深刻。书写这样的作品要注意两点:一是主题词"柳"要写得大气、飘逸,切忌粗重、臃肿;二是题款的字体要小巧而集中,避免太挤和太散两种倾向。

图4-9 独字:

柳

9. 图4-9:这是一幅小幅竖式中堂,是此类作品中的特殊形式,试图追求欧阳修"月上柳梢头,人约黄昏后"著名词句的意境,将"柳"写得清爽、流畅而略显摇曳,题款居"柳"之下,简约而集中,似"黄昏后"相约之人,引首章位于上端如明月高悬,映照全篇。书写"柳"时,应先考虑好布局,濡墨适中,下笔爽利,一气呵成,末笔不宜太快,以显线条温润,有"春季到来柳丝长"之韵味。本作品选用彩宣书写,尤显亮丽、雅致。

第五章　行书横式中堂技法

一、幅式特点

第四章已介绍了中堂幅式的来历,并详细介绍了竖式中堂的技法。随着我国城市化进程的加快,居住楼房的家庭越来越多。而多数居民楼房的层高在 2.6~3 米之间,悬挂竖式中堂幅式的书法作品,会显得冗长、拖沓,因此,更适宜悬挂横式中堂幅式的书法作品。

横式中堂与竖式中堂两种幅式的区别在于:竖式中堂是将宣纸竖放竖写,横式中堂则将宣纸横放竖写。如以上、下为长、左右为宽的话,则横式中堂的长与宽之比一般在 1∶2 左右。如果宽度太窄,易与斗方相混;如果长度太短,则易与横幅相混。需要强调的是,有的书法著作和书法人士,常把横式中堂与横幅相混,将二者统称为"横幅"或"横披",其实是不妥的。横式中堂向左右开张的长度短于横幅,而其上下的长度则长于横幅,这是它们的主要区别。

二、作品示例

图 5-1

第五章　行书横式中堂技法

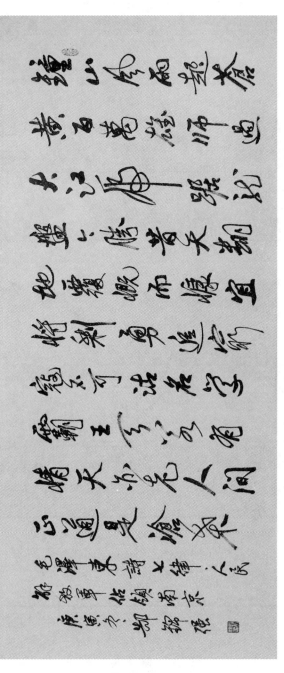

图 5-2

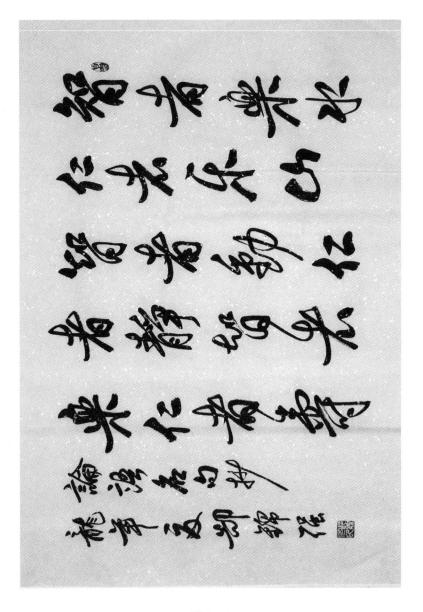

图 5—3

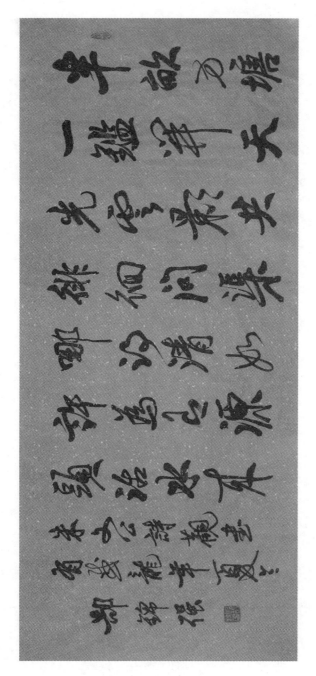

图 5—4

•行书技法研究•

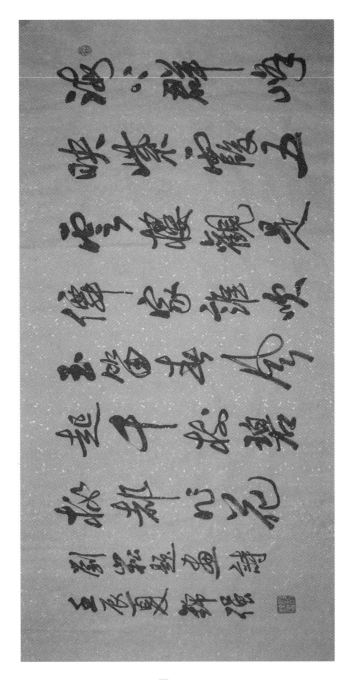

图 5—5

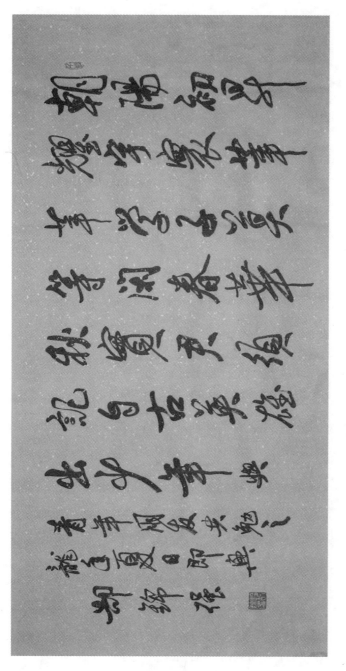

图 5—6

·行书技法研究·

图 5—7

· 第五章 行书横式中堂技法 ·

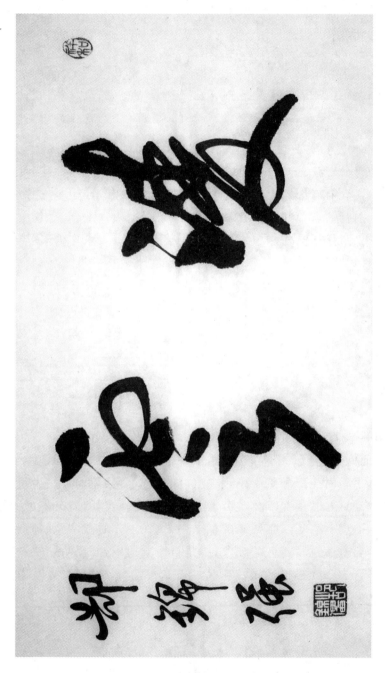

图 5—8

三、技法研讨

图5-1　毛泽东词:《卜算子·咏梅》

　　风雨送春归,飞雪迎春到。已是悬崖百丈冰,犹有花枝俏。
　　俏也不争春,只把春来报。待到山花烂漫时,她在丛中笑。

1.图5-1:毛泽东的词《卜算子·咏梅》以梅喻人,歌颂共产党人不畏艰难、不居功自傲、与民同乐的高风亮节。书写这样的作品,要有开阔的胸怀、愉悦的心情。本幅作品写在四尺整张宣纸上,浓墨起首,运笔先急后缓,再急再缓,跌宕前行。全篇几乎没有枯笔,以线条粗细表现变化,凝重中体现出潇洒。有的字写得很开张,如"风"、"归"、"迎"、"丈"、"到"、"丛"、"笑"等;有的则较为凝重,如"送"、"枝"、"俏"、"报"、"烂"、"漫"、"中"等,互相映衬,形成静中有动的整体气象。最后落长款以显郑重。

图5-2　毛泽东诗:《七律·人民解放军占领南京》

　　钟山风雨起苍黄,百万雄师过大江。
　　虎踞龙盘今胜昔,天翻地覆慨而慷。
　　宜将胜勇追穷寇,不可沽名学霸王。
　　天若有情天亦老,人间正道是沧桑。

2.图5-2:毛泽东的诗《七律·人民解放军占领南京》,内容大气磅礴,坚定自信而饱含哲理。因内容较长,本幅作品用六尺整张宣纸写成。为体现原作特色,书写时先酝酿胸中豪迈之气,濡墨挥笔,稳重前行。少量字运用草体,以增强动感,如"虎"、"龙"、"穷"、"天"、"若"、"桑"等,但又不能太多,多则喧宾夺主,变成草书了。字数多的横式中堂,在创作时要注意两点:一是作品上口要齐,要避免越写越低的现象;二是行距要适中,既要防止过疏而显得太散,又要防止太窄而显得拥挤。作品的下口可适当参差不齐,以增强动感和灵气。

图5-3　《论语》名句:

　　智者乐水,仁者乐山;智者动,仁者静;智者乐,仁者寿。

3.图5-3:这是《论语》中的名言,很富人生哲理。书写这样的内容,以凝重端庄为宜,故有些字有行楷之意趣。结体以端正之姿起首,舒缓运笔,即使写成草体,也舒缓而成,如第二行的"者"、"山",都能看出缓慢写成的迹象。但又要避免死板、呆滞,于是在运笔过程中偶尔加速,产生动感,如在写"动"、第四行的"智者"、第五行的"者"等字时均加快了笔速。这样做,一是体现了变化,二是产生了动感。

图5-4　朱熹诗:《观书有感》

　　　　半亩方塘一鉴开,天光云影共徘徊。
　　　　问渠哪得清如许,为有源头活水来。

4.图5-4:这是用横式中堂的形式重书朱熹的诗《观书有感》,在书写心态上与写图4-3时有相同之处。但由于本幅作品系横式结构,故在结体上可适当宽博些、凝重些,以体现横式中堂的彰显特点。读者可将本幅作品与图4-3对比观察,体会其异曲同工之趣。

图5-5　刘崧:题画诗

　　　　海上群峰映紫霞,五云楼观是仙家。
　　　　谁吹玉笛春风起,千树碧桃都作花。

5.图5-5:这是刘崧的题画之作,画为海边风景图,诗有点睛之妙趣。针对这样的内容,本幅作品以中锋运笔为主,极少运用侧锋,写得挥洒、萧散、温润、放达,给人以春景艳丽、海滨辽阔之感,有些笔画,如"群"、"五"、"仙"的末笔,"风"、"千"、"都"、"花"的整体,写得比较夸张,为作品增添了舒展、浪漫的情趣。为弥补作品末尾出现的"空三角"现象,以名章重押作补救。

图5-6　作者自撰诗:赠青年朋友

　　　　朝阳初升耀宇寰,莘莘学子莫等闲。
　　　　春华秋实君须记,自古英雄出少年。

6.图5-6:这是作者写给在校大学生的一首诗。全诗以热情奔放的笔触,鼓励大学生们珍惜大好年华,奋发学习,早日成才。为表达这样的心情,书法作品以开拓舒展的笔画起首,中锋、侧锋并用。由于诗是书法作者自己写的,故笔随诗思,流畅前行,没有一点紧张感。作品中有多处长笔画,如"升"、"莘"、"华"、"年"等,处理比较得当,避免了雷同现象。

图5-7　作者自撰诗:凌云

　　　　壮志可凌云,信念坚如山。

寄言创业者,奋发永向前。

7.图5-7:这是作者写给一位处在创业阶段的年轻企业人士的作品,大笔书"凌云"二字,鼓励其树立远大志向,不为蝇头小利所羁绊。"凌",写得稳重凝练,以末笔反捺增加灵气;"云",则充分运用其结体特点,写成凌云腾空之势,从视觉上给人以"凌云"之感。其末笔快速收尾,使之出现枯笔,以增空灵之气。如果此处写得太实,则会给人以沉重之感,失去"凌云"本身所具有的意趣。

另外,落长款以补充说明主题词"凌云"在本幅作品中的含义,勉励创业者志存高远、奋发前行,与主题词互相映衬、相得益彰。需要注意的是,落款的字不能写得太大,亦不可过于整齐,以显灵动、参差之美。

图5-8 独词:

凌云

8.图5-8:"凌云"二字除写成上述形式,还可单独成篇。如本幅作品就是写给一位书法人士的,篇幅较小,可悬挂于书房或工作室。这幅作品的特色是简洁明快、轻盈飘逸,线条爽利而具有韧性,没有飞白却不显沉重,画面空阔,结体灵动。其含义已表现在整幅作品的气象之中。书写此幅作品时,蘸墨宜饱,运笔宜快,在书写前对结体与布局已成竹在胸,书写时一气呵成。切忌犹豫迟疑、线条呆滞。

第六章　行书条幅技法

一、幅式特点

条幅,是将宣纸裁成长条书写悬挂的书法幅式,属于一种普及型和大众化的书法样式。悬挂范围广泛,几乎适合一切场所。酒店厅堂、会议室等公共场所可以悬挂,书房、客厅、卧室、琴房、画室等个人场所也可以悬挂。

条幅的特点是"窄而长"。一般为"整张宣纸对开",即把四尺宣纸、六尺宣纸竖向一分为二,或其他多种或大或小的样式。不管何种开式,其宽与长的比例均不得高于1∶2,一般掌握在1∶3或1∶4左右。就是因为其"窄而长"的形态,所以才称之为"条幅"。有时为了需要,还可把条幅作品"集约化"悬挂,即把内容相连或相关的若干条幅挂在一起,类似屏风,故又称之为"条屏",但其书法幅式仍为条幅。"条屏"仅是其排列的阵势,并非书法作品的幅式。

行书条幅在书写方法上,比行书中堂更加活泼、灵动些,章法布局可更灵活些,笔法的运用也可更放开些、随意些。字距的疏密、笔画的粗细、长短、浓淡、顾盼、牵丝等多种手法可并用,不必写得过于拘谨。由于条幅的宽度较窄,故其字的结体和章法总的原则应以飘逸、轻盈、清爽为主,不宜写得浓壮、阔大,以免显得太挤、太涨。

二、作品示例

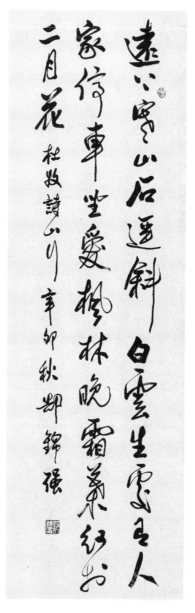

图 6—1

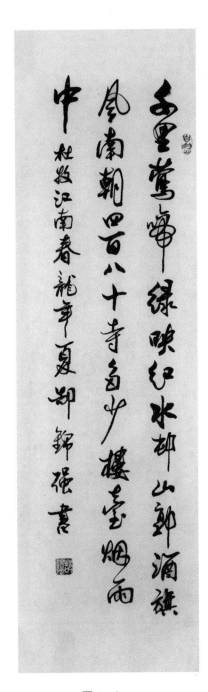

图6-2

图 6—3

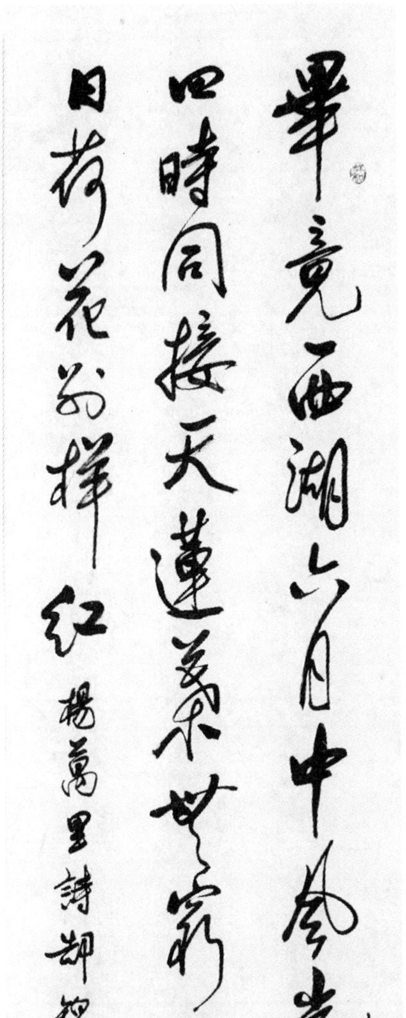

毕竟西湖六月中，风光不与四时同。接天莲叶无穷碧，映日荷花别样红。杨万里诗 胡锦强

图6—4

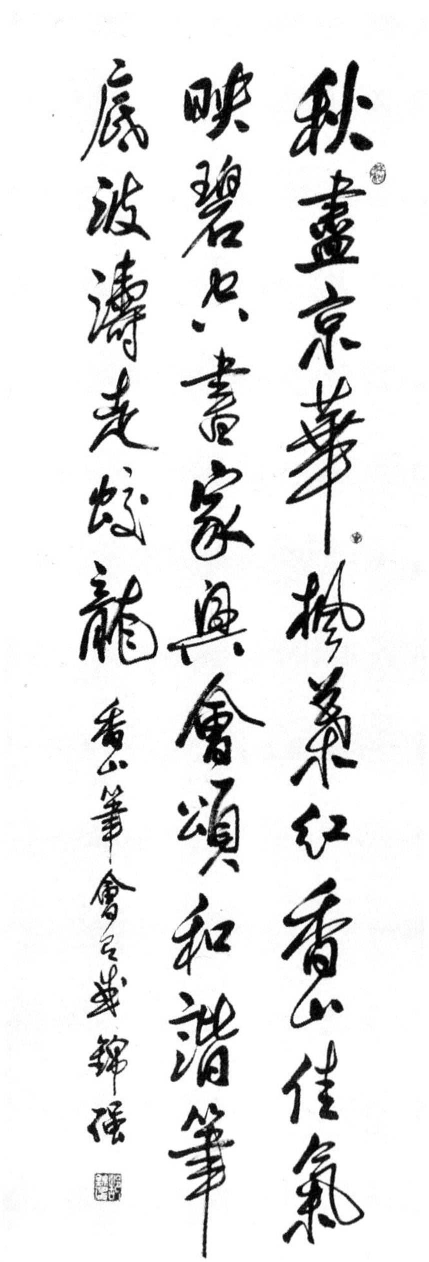

秋尽京华树艺红香山佳气映碧天书家雅会颂和谐笔底波涛走蛟龙

香山笔会二〇〇八 锦强

图 6—5

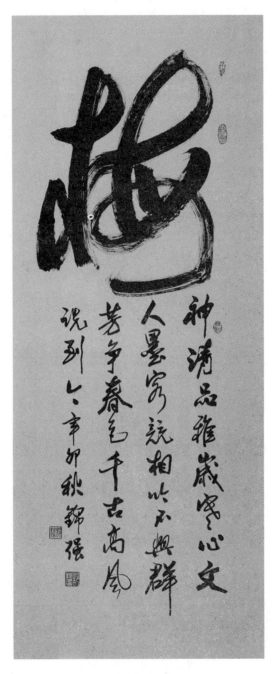

图 6—6

·行书技法研究·

图6—7

三、技法研讨

图6-1　杜牧诗:山行

　　　远上寒山石径斜,白云生处有人家。
　　　停车坐爱枫林晚,霜叶红于二月花。

1. 图6-1:这是唐代诗人杜牧写的一首表现悠闲心情的绝句,内容清新、淡雅,很适合用条幅形式书写。创作这幅行书作品时,心情要放松,体会诗作者闲适、悠然的心境。濡墨不宜太饱,运笔不宜太快。毛笔轻松入纸,切忌鼓弩为力。书写时笔头仅用三分之一左右,以显线条轻盈。少用枯笔,以避燥,多次蘸墨,以出润。争取达到"润而不洇,细而不枯"的艺术效果。

图6-2　杜牧诗:江南春

　　　千里莺啼绿映红,水村山郭酒旗风。
　　　南朝四百八十寺,多少楼台烟雨中。

2. 图6-2:杜牧诗《江南春》,勾画了一幅江南春雨中的风景图。在描写烟雨蒙蒙春景的同时,讽刺了当政者过分崇佛的现象。书写这幅作品,要注意两点:一是把握好诗作者借景抒情的心态,既不能写得太张扬,也不能太拘谨,将感性与理性控制在一个合适的范围内,于柔中寓刚。这一点与图6-1的写法略有不同。二是以浓墨略带洇润的运笔方法,以体现江南"绿映红"的浓郁春景,不能用写秋景那样"细、轻、飘"的运笔方式。本幅作品的欠缺在于,末行仅剩主题内容一字,只好用题款予以掩饰,一般情况下,应予避免。

图6-3　王昌龄诗:芙蓉楼送辛渐

　　　寒雨连江夜入吴,平明送客楚山孤。
　　　洛阳亲友如相问,一片冰心在玉壶。

3. 图6-3:这是王昌龄遭贬时写的一首送别诗,感情真挚、自然而又饱含耿介之气,不因遭贬而消沉、而自惭形秽。书写这幅作品,除遵循条幅的一般要求外,比前两幅作品增加了浓壮感,减少了飘逸成分。起首便以爽利之笔入纸,字体酣浓有力。而后一路写去,下笔果断,收笔简净,但又不失自然、率真的情趣,如"一片冰心"四字,写得开张、舒朗,给人以坦荡、真诚之感。

图6-4　杨万里诗:晓出净慈寺送林子方

　　毕竟西湖六月中,风光不与四时同。
　　接天莲叶无穷碧,映日荷花别样红。

4.图6-4:南宋杨万里善写清新自然的绝句,本幅作品就是他寓居西湖之滨,六月的清晨送好友林子方时,写的一首借歌颂荷花而赞美友人的短诗。本幅书法作品采用了挥洒、开张、萧散的笔法,多飘逸而少沉稳,多牵丝而少枯笔,多舒缓而少急促,多细柔之笔而少粗壮之举,虽为行书而略带草意,以表现诗作者放达、开怀而又对友人恋恋不舍的心情。章法处理比较得当。

图6-5　自撰诗:香山笔会有感

　　秋尽京华枫叶红,香山佳气映碧空。
　　书家兴会颂和谐,笔底波涛走蛟龙。

5.图6-5:这是作者参加笔会时的即兴之作,先言时令再写物候,后现书家笔会的热烈场面。书写这幅作品时,作者将热烈兴奋的心情诉诸笔端,乃呈欢快、大气、豪迈之象。结体多外拓,运笔多铺排,线条多浓壮,将条幅作品所可能有的大气成分发挥到了极致,如果再粗壮些,便显壅堵了。为体现条幅的基本特征,书写时将"华"、"笔"的末笔竖画拉长夸张,"叶"身缩瘦,"空"用草体,"香山"牵丝,"气"用连笔,"涛"出细画,"蛟"用反捺,努力使作品出动感、生灵气,以减轻运笔张扬、浓壮的压力。

图6-6　自撰诗:梅

　　神清品雅岁寒心,文人墨客竞相吟。
　　不与群芳争春色,千古高风说到今。

6.图6-6:这是一幅采用"黄金分割率"方式组织章法的尝试之作,将"梅"大笔书出,占画面略大于三分之一的面积,将作者自撰的一首歌颂梅花的小诗写在下面不足三分之二的地方。力图表现梅花的崇高、刚毅而又自律、自洁、不与群芳争艳的美好品格。写"梅"时,毛笔没有蘸得太饱,以防过分洇润;运笔舒缓,以防太枯。结果呈现出一个既沉稳又飘逸的"梅"字,下面的绝句则写得轻松、爽净、不激不厉,与上面的"梅"字结为一体,有妍雅、轻盈之趣,较好地表现了梅高洁优雅的神韵。

图6—7 成语：

春华秋实

7.图6—7："春华秋实"本是植物生长之规律，古人将其引申为人的一生奋斗与收获之关系。本条幅用浓笔酣墨表现了该成语的哲理内涵，同时又有"春花烂漫"、"秋实丰盈"之意趣。起笔浓郁而避粗，运笔轻盈而避重，为防枯笔太多，写完"华"后重新蘸墨，使"秋"酣润丰满，"实"微露枯意而充实。四字写成条幅，字体偏瘦而不事张扬，运笔用墨温润而不显沉重，既有条幅的幅式特点，又表现了该成语固有的哲理之义。

第七章　行书横幅技法

一、幅式特点

横幅,其含义与"条幅"相对,形象地讲,条幅转动90度,就是横幅。有些书法著作将横幅广义化了,把横式中堂、牌匾以及横式小品等只要横着挂的书法作品样式,统统归为"横幅"。其实这是不妥的。严格地讲,横幅就是横着挂的条幅。条幅是竖挂竖写,横幅则是横挂竖写。其中,大的横幅与横式大中堂相比,前者长而窄,后者长而宽,这就是它们的主要区别。

横幅的悬挂场所比较广泛,大的横幅可悬挂于宾馆、饭店,甚至礼堂的后壁,小的横幅则可悬挂于客厅、书房、卧室、办公室、接待室等处。

横幅的样式一般为四尺宣纸、六尺宣纸整张去除三分之一后横式竖写,或四尺宣纸、六尺宣纸一分为二横式竖写。大的场所如礼堂后壁张贴,也可用八尺宣纸或丈二宣纸去除三分之一或双开横式竖写。小的横幅可以根据需要裁成各种尺寸。但不管何种尺寸,横幅的上下长与左右宽之比,一般为1∶3或1∶4左右,甚至1∶5或1∶6。

横幅有一种特殊形式即"长卷",可以写得很长,达十几米甚至几十米。长卷的内容有时是长诗、短文或多首诗写在一起,共同裱成长卷形式,其幅式仍为横幅。长卷仅是其装裱的形式而已。不能把长卷单列于横幅之外,它仅是横幅的延长和扩大,可称为"长卷式横幅"。

横幅在书写时可比横式中堂放开些、轻松些,也更随意些。在章法上注重"上齐下不齐",即横幅上口字要讲究平齐,下边的字则根据情况可以平齐,也可以不平齐,不作强求。也有的书法家有意将句子断开写,一行长一行短,间隔而行,也很美观大方。

在公共场所悬挂的横幅作品,要书写得凝重、端庄些,显得庄重、高雅、大气;悬挂在私人场所的横幅作品,就尽可能写得挥洒些、抒情些、随意些。一些突出个人特点的、尝试性的手法和笔法尽可显露,以彰显个性,增强欣赏情趣。

二、作品示例

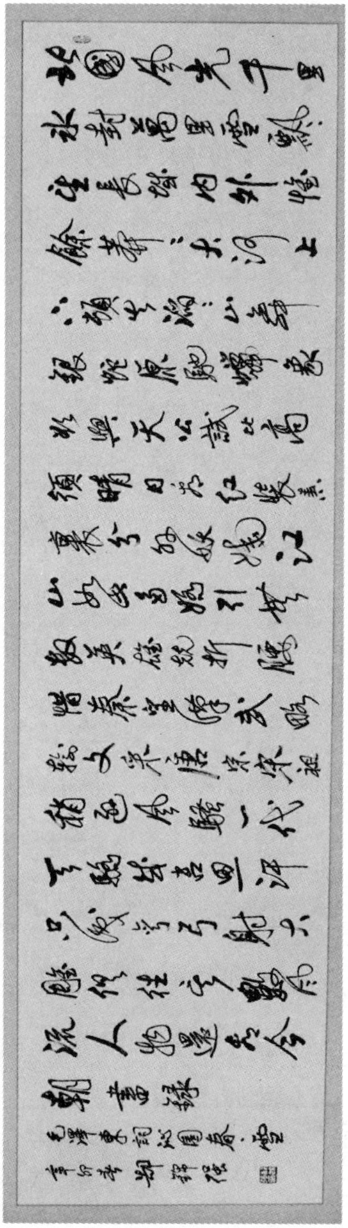

图7—1

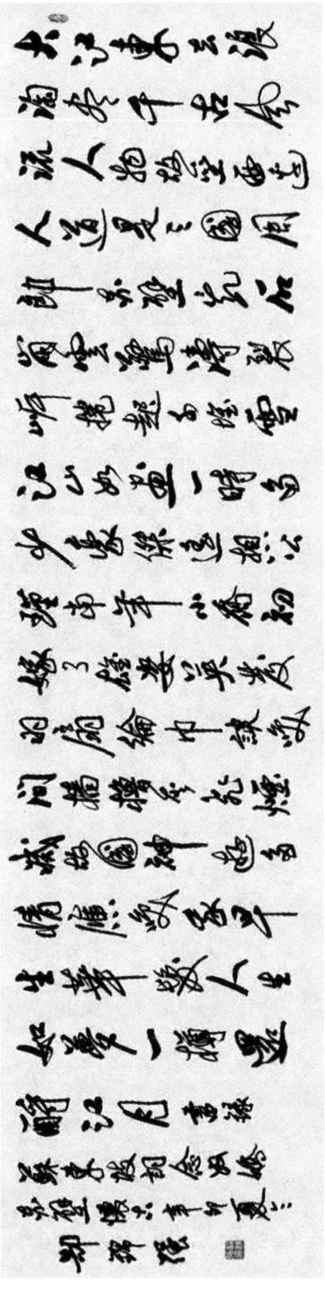

图 7-2

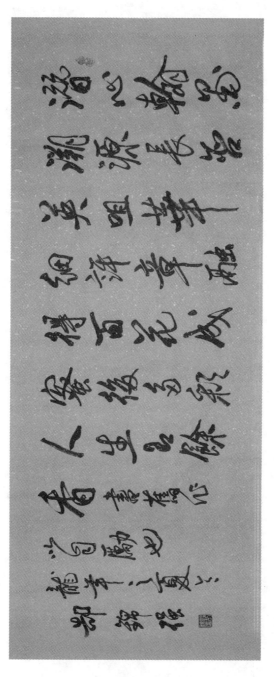

图 7—3

图7—4

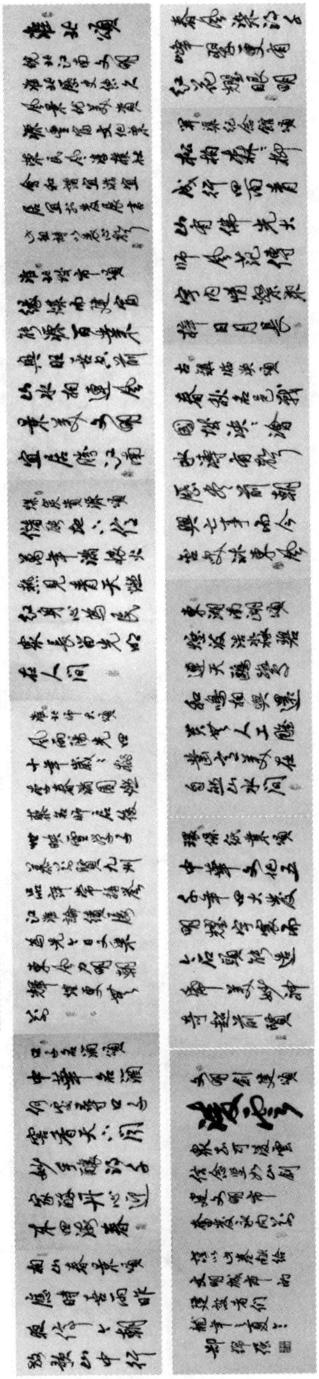

图 7—5

图 7-6

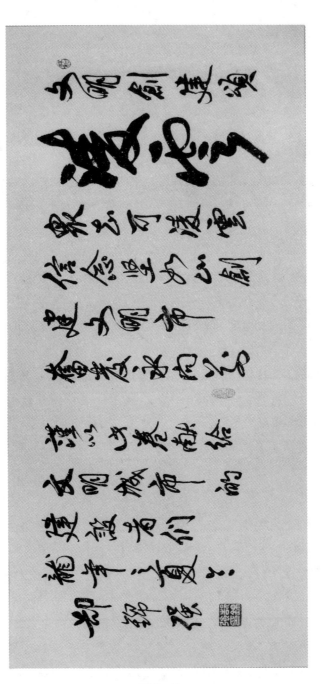

图 7-7

三、技法研讨

图7-1 毛泽东词:沁园春·雪

  北国风光,千里冰封,万里雪飘。望长城内外,惟余莽莽;大河上下,顿失滔滔。山舞银蛇,原驰蜡象,欲与天公试比高。须晴日,看红装素裹,分外妖娆。

  江山如此多娇,引无数英雄竞折腰。惜秦皇汉武,略输文采;唐宗宋祖,稍逊风骚;一代天骄,成吉思汗,只识弯弓射大雕。俱往矣,数风流人物,还看今朝。

1.图7-1:毛泽东的词《沁园春·雪》,以高度的爱国主义热情,讴歌了祖国的大好河山,表现出中国共产党人振兴中华的英雄气概。书法作品则以豪迈、挥洒、开朗为主调,墨色以浓为主,结体以外拓为主,字体以行书为主,偶见草体,以增灵气。每行掌握在6~7字,19行写完主题词,最后落中款结束全篇。作品的上口平齐,下口多处参差,以产生飘逸、跃动之感。

  应当注意的是,书写这类豪迈、大气的诗词,字体的选择要与之配套,否则会给人不协调的感觉。笔者曾在某企业办公室看到悬挂的毛泽东《沁园春·雪》,是用怪怪的"板桥体"写的,其状如"乱石铺街"、"蟹爪交错"。书写者的技法工夫尚算不错,但由于选用的字体与内容不协调,使人看了有滑稽之感。

图7-2 苏轼词:念奴娇·赤壁怀古

  大江东去,浪淘尽,千古风流人物。故垒西边,人道是,三国周郎赤壁。乱石崩云,惊涛裂岸,卷起千堆雪。江山如画,一时多少豪杰!

  遥想公瑾当年,小乔初嫁了,雄姿英发。羽扇纶巾,谈笑间,樯橹灰飞烟灭。故国神游,多情应笑我,早生华发。人生如梦,一樽还酹江月。

2.图7-2:苏东坡在诗词领域以豪放派著称。他的《念奴娇·赤壁怀古》是人们经常书写的著名词章。书写本幅作品时遵循的原则是:字体以浓壮为主,章法以开张为主,气象以豪放为主。故以浓笔起首,酣墨触纸,洒脱前行。浓枯对比极少,而以线条粗细变化产生对比,行笔中用若干长笔画支撑空间,增强灵气,避免沉闷,如"千"、"郎"、"岸"、"少"、"年"、"中"、"神"、

"早"、"梦"等都出现了长笔画;再则用结体的大、中、小加以对比,在大字中杂以小字,视觉上有跌宕之感。整幅作品一气写成,于凝重中见流畅,虽着意而为,却显自然流畅,而无做作之态。

最后落长款结束全篇,书法作者的名字另起一行,稍大书出,醒目、凝练,名章稍大,与引首章遥相呼应,有凝聚全幅内容之功效。

图 7-3　作者自撰诗:自励

潜心翰墨溯源长,含英咀华细评章。

融得百花成蜜后,多彩人生有余香。

3.图 7-3:这是作者自撰自书的一首诗,表达了悠游翰墨、潜心学术的平生夙愿和愉悦心情。故此作品章法开朗,结体萧散,运笔挥洒,一派烂漫率真气象。首行末字"墨"用草体,增其灵气;第三行"华"占两字空间,长竖夸张,以显通透。"花"、"彩"、"人"、"生"等均有夸张笔画,增加了烂漫情趣。

最后,落长款以表心志,与主题词内容相照应。作者姓名单写一行,更显开张、大气。

图 7-4　成语:

春华秋实

4.图 7-4:字数少的横幅,书写起来比较难以把握。本幅作品"春"显温润,"华"呈萧散,"秋"出灵动,"实"作平实,互相映衬,相得益彰。整体观赏,有碑、帖交融之韵。写"春"时,蘸饱墨汁,舒缓运笔;写"华"时,没有蘸墨,用笔中余墨稍快运笔,完成字的上半部,末笔一竖,缓缓而下,微作颤笔动作,以增强萧散感;"秋"居其中,如无灵气,则显呆滞。故重新蘸墨,快速运笔写完"禾"旁,"火"字两点重笔为之;左边一撇稍微缓慢,末笔用反捺为之,轻松、慢慢一点后,向上微翘。此处细节处理非常巧妙,其运笔如微风吹拂秋水之轻、少女搽涂粉黛之柔、产妇抚摸婴儿之缓,切不可重笔强力为之,否则,灵气全无。"实"为压阵之字,一要与"春"呼应,二要与"秋"对比,三要与"实"的字义内容吻合。故不必再蘸墨,用笔中余墨舒缓为之,中间部分可稍快,以防洇堵。下半部放缓运笔,至倒数第二笔时,则爽利而为,造成强势,以便与末笔对比。末笔则如"秋"之末笔一样缓缓点下,其方向与"秋"的末笔相反,以防雷同。题款简练,位置适当,其中"秋"的写法与主题词略有变化。

图7-5 长卷式横幅:淮北颂

(1)皖北江南,文明淮北,历史悠久,风景优美,资源丰富,文化繁荣,民风淳朴,社会和谐,宜游宜居,宜于发展。书此组诗,以表心声。

(2)淮北城市颂

缘煤而建富能源,百业兴旺喜空前。

山水相连风景美,文明宜居胜江南。

(3)煤炭资源颂

储能地下亿万年,满怀火热见青天。

燃红身心为民众,长留光明在人间。

(4)淮北师大颂

风雨阳光四十年,岁岁桃李春满园。

燃藜名师启后世,映雪学子慕前贤。

九州品评常称誉,江淮论绩屡为先。

今日又乘东风力,明朝辉煌更无前。

(5)口子名酒颂

中华名酒何处寻,口子窖香天下闻。

妙手酿得千家醉,丹心迎来四海春。

(6)相山春景颂

应时喜雨昨夜停,今朝放歌山中行。

春风染得千峰翠,更有红花耀眼明。

(7)开渠纪念馆颂

松柏森森柳成行,四面青山有佛光。

大师风范传宇内,情系桑梓日月长。

(8)古镇临涣颂

春秋名邑战国城,浍浍浍水涛有声。

历尽前朝兴亡事,而今含笑沐东风。

(9)东湖南湖颂

烟波浩淼碧连天,鸥鹭和鸣相与还。

贵无人工雕凿意,美在自然山水间。

(10)环保纸业颂

中华文化五千年,四大发明耀宇寰。

而今石头能造纸,美妙神奇超前贤。

(11)文明创建颂:凌云

众志可凌云,信念坚如山。

创建文明市,奋发永向前。

5.图7-5:长卷式横幅《淮北颂》,由10首诗和一个短序组成,原件长15米。这种横幅由于很长,故容量很大,可以抄写短文、长诗或组诗,书法史上有不少这样的作品。本幅书法作品是作者在淮北市创建全国文明城市过程中有感而作的组诗,歌颂了淮北市优美的城市环境、丰富的物产资源、丰厚的文化底蕴、古朴而富于历史意义的人文名胜,以及美丽的自然景物和创造性的产业企业等,这些内容组合起来,涉及淮北市建设和发展的方方面面,共同组成"淮北颂"长卷式横幅。由于长卷式横幅作品字数较多,因此在创作过程中带有一定程度的"抄写"的因素,这就要求我们在书写时注意书写内容的"可识性",不能写得太草、太轻率,尽可能不出现看不清楚的枯笔和飞白,做到笔笔到位,不作大开大合、大浓大枯之举,而以流畅、易识、自然为主,在此基础上追求雅致、妍美的艺术效果。

长卷式横幅中的每一首诗及短序,自然形成一个一个的小段落。在每一个段落内,要写得紧凑,使之自成一体。字与字之间、行与行之间也可以出现一些小跌宕,但应以不影响其整体性与流畅性为原则。每一段落之间用闲章隔开,以方便观赏。而组合起来又是一幅完整的作品,故作者名章与落款都放到最后,每段落之间不再加盖名章。

在字的大小方面,长卷式横幅比较难以把握,如果将字写得很大,就会太涨眼;如果写得太小,又让人看不清楚。这两种情况,都会影响观赏效果。根据笔者经验,如果用于展览或博物馆长期保存,这样的长卷式横幅的字应有成人的拳头大小,即"尺八屏"宣纸每行写5个字左右,"八尺屏"的宣纸则每行写8个字左右。读者可根据具体情况灵活掌握。

图7-6 淮北师大颂

6.图7-6:这是上述长卷式横幅中的一个局部,即其中一首歌颂淮北师范大学的诗。淮北师范大学原为安徽师范大学分校,建于20世纪70年代初,1978年转由煤炭工业部管理,名为"淮北煤炭师范学院",1998年起,由省、部共建,以安徽省管理为主,2010年由教育部批准,更名为"淮北师范大学"。淮北师范大学是一所面向全国招生的高校,办学40年来,培养了大批优秀中学教师和其他方面的高级专门人才,分布在全国各条战线。淮北师范大学向来以管理严格、科学、规范著称,先后两次接受教育部教学评估,均获得优异成绩而受到表扬。在安徽省内,其多方面的工作也屡获先进称号,已成为淮北市在文化科技教育方面的一张重量级名片,故将《淮北师大颂》作为《淮北颂》长卷式横幅作品的一部分。这种做法,是在"长卷式横幅"中又套入一般横幅。

这幅作品写得开朗、自由,雅致中追求变化,蕴含着较强的书卷气,字的结体偏长,线条舒展。因为长卷式横幅的特点是"长而矮",如果字再写得偏矮的话,则会显得局促和压抑。

图7-7 文明创建颂

7.图7-7:《文明创建颂》是长卷式横幅的组成部分,同时又是一个小横幅。本作品以"凌云"二字总领,后辅以短诗作为长款,诠释"凌云"在此处的含义,很巧妙。从书法技巧上看,大书"凌云"以醒目,"凌"取凝重、欹侧之态;"云"则向上呈凌空之姿,线条柔中寓刚,互相顾盼,自成一个小天地。而长款则紧随其后,参差、通透,与"凌云"二字以及前面一行"文明创建颂"共同形成一个整体。长卷式横幅的卷首"淮北颂"三字较大,结尾处有"凌云"与其呼应,呈虎头豹尾之势,很巧妙。

最后总落款,说明此卷创作的目的,并注明创作时间及作者姓名,钤名章一枚,结束全篇。由于本幅作品内容系作者自己创作并书写,标出创作时间,就使此作品具有社会学和民俗学意义,后人会从中看到何时、何事、何人、何因、何果等等,从而可以把它当作研究的对象。

第八章　行书斗方技法

一、幅式特点

斗方,乃方形的书法作品。它常将四尺宣纸从中间一分为二,使之近似方形。或将四尺宣纸对开写成后去掉一些边角,面积缩小些也可。斗方常用来装镜框悬挂,较少装裱为立轴形式。因此,有人就把这种书法幅式称为"镜心",其实这是不妥的。"镜心"仅是其装裱的方式而并非其书法作品自身的规格和幅式,正确的名称应为"斗方"。

斗方大多挂于私人场所,如书房、画室、琴房、卧室、个人起居室及其他个人处所。即使公共场所如宾馆、饭店等,也大多悬挂于单间室内,很少悬挂于大厅、大堂之中。所以,其内容的选择要精致、恰当,章法布局和笔法运用应以清秀、高雅、和谐为上,使书写内容与形式与主人所处的环境相协调。

由于斗方面积小巧有限,因此,其章法要求比较严谨、规范,行距、字距相对稳定,一般不提倡大开大合、过于参差;笔法上则尽量持重、稳健,减少"花哨",更忌怪诞的写法;用墨宜浓淡一致,不宜奇浓奇淡,反差过大。斗方的字体以中、小为主,显得清秀、高雅、美观。个别名言警句等字数较少的斗方,要注意处理好正文与题款的关系,二者在布局和字体的大小方面,要形成合理的比例。

二、作品示例

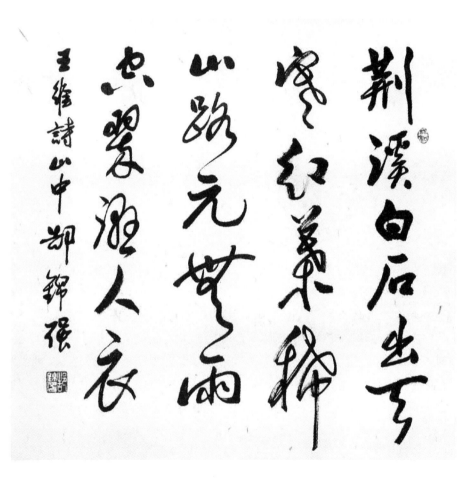

图 8-1

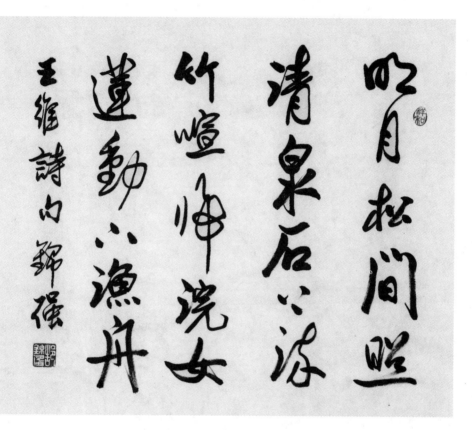

图8-2

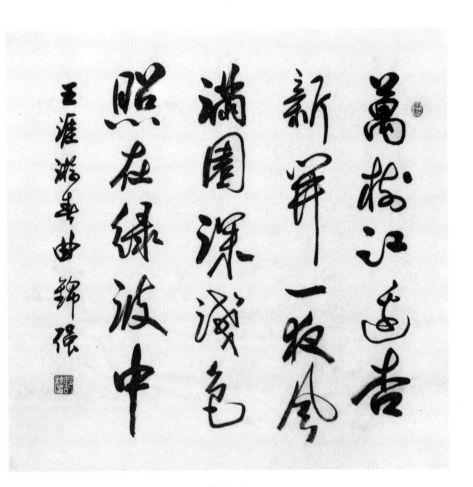

图 8—3

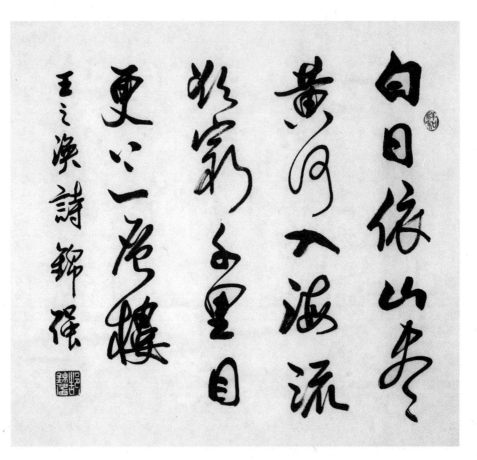

图8—4

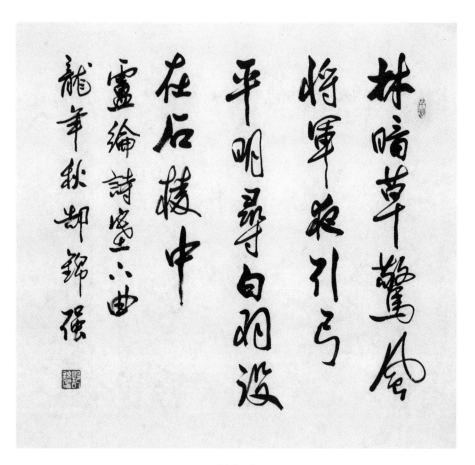

图 8-5

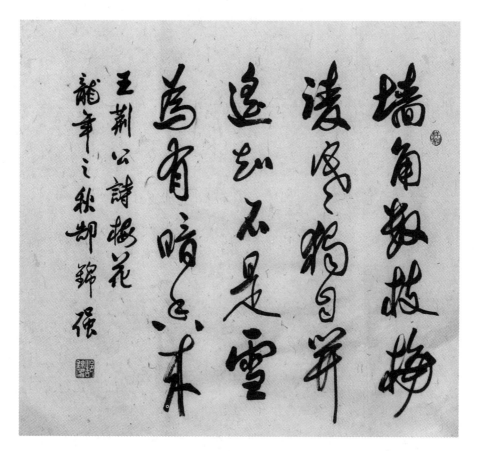

图8—6

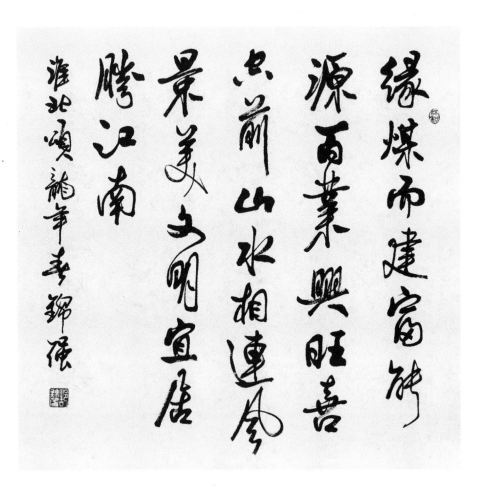

图 8-7

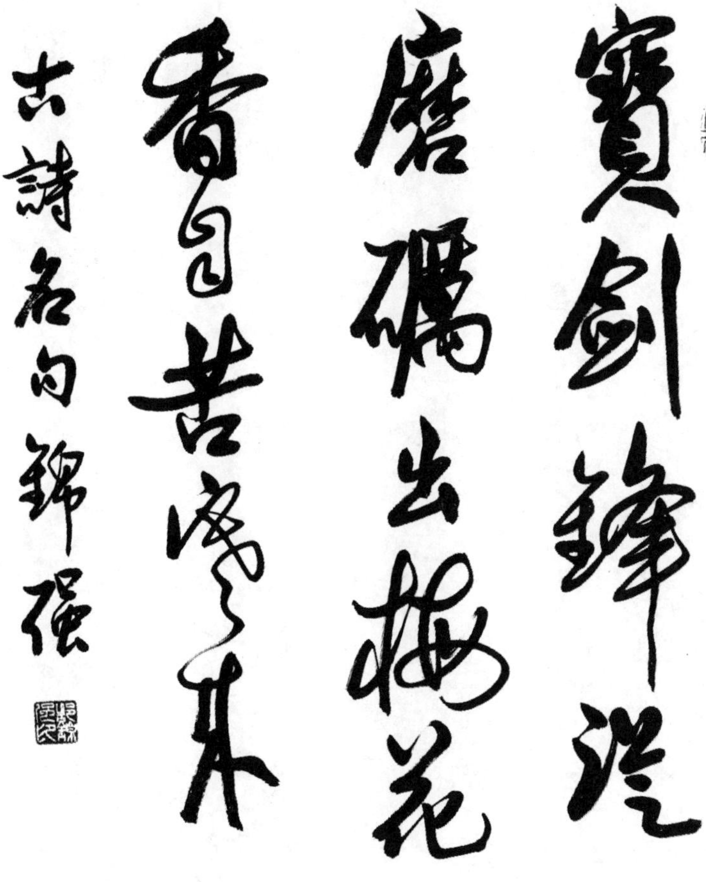

宝剑锋从磨砺出，梅花香自苦寒来

古诗名句　锦强

图 8-8

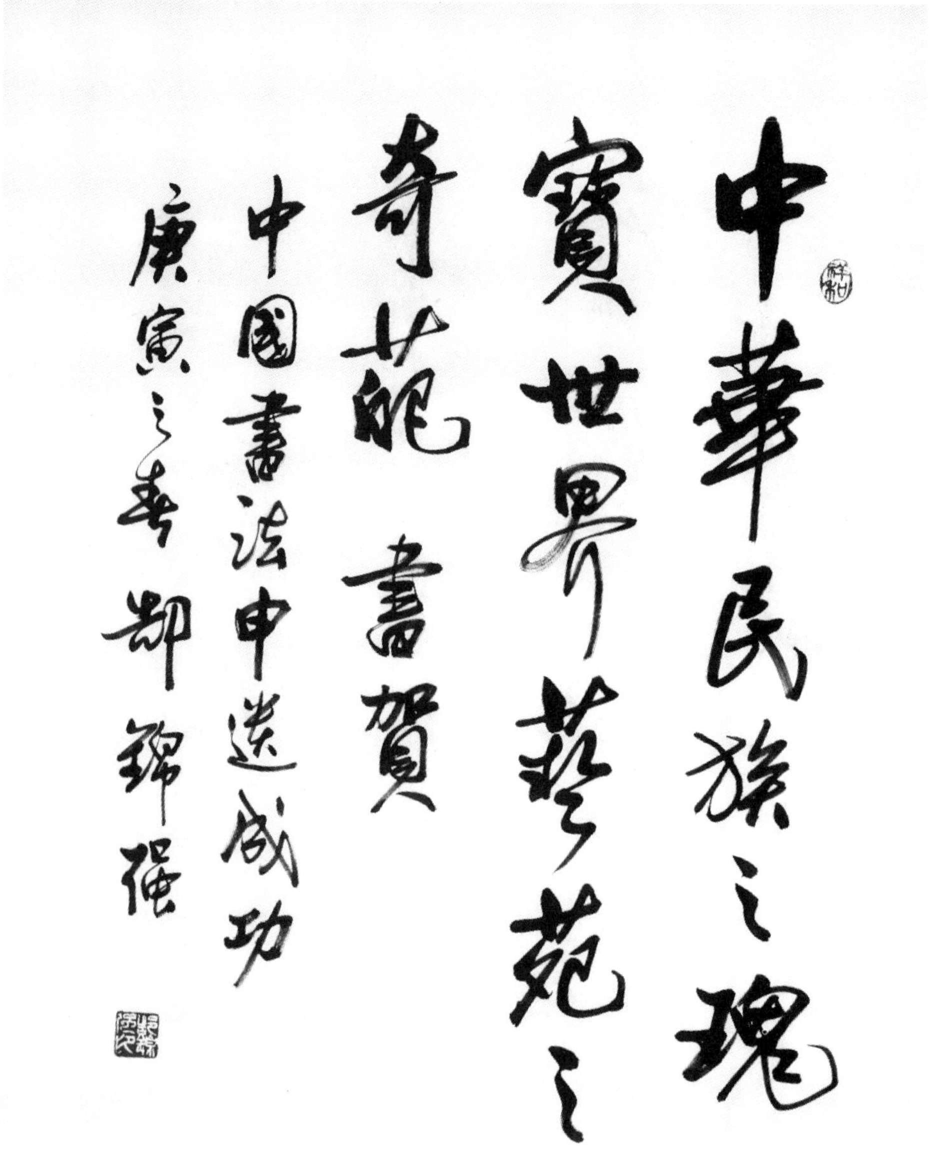

中华民族之瑰宝世界艺苑之奇葩 书贺中国书法申遗成功 庚寅之春 邓锦强

图8—9

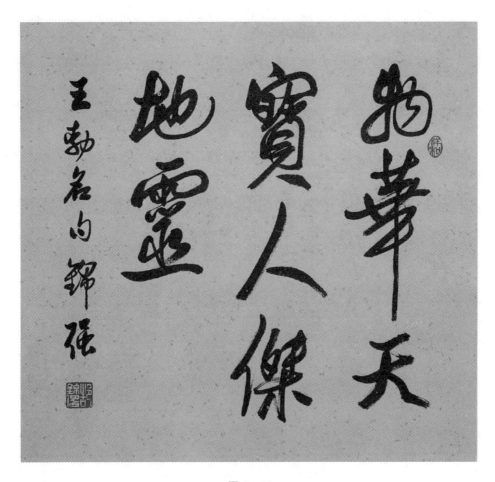

图 8—10

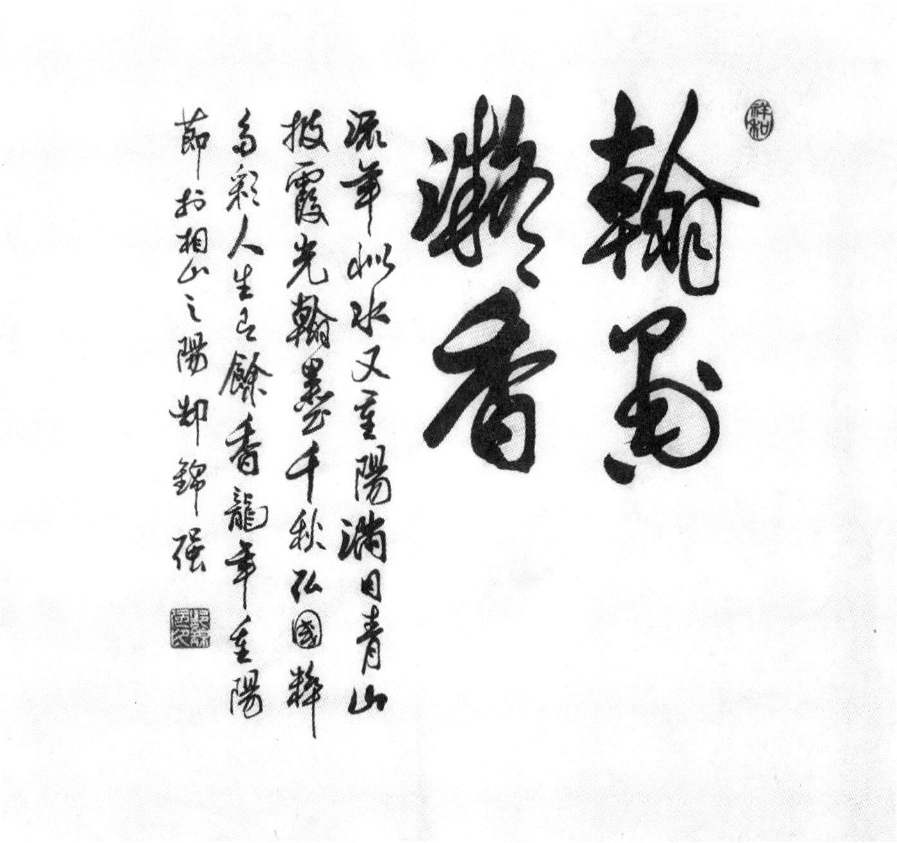

翰墨飘香

源草似水又重阳满目青山披霞光翰墨飘千秋弘国粹
岛彩人生乐馀香龙年重阳
节书相山之阳 初锦强

图 8—11

图 8—12

图 8—13

三、技法研讨

图8-1 王维诗:《山中》

　　　　荆溪白石出,天寒红叶稀。
　　　　山路元无雨,空翠湿人衣。

1. 图8-1:王维《山中》一诗,短短四句描绘出秋山清溪、白石、红叶与苍翠之色交错斑斓的秋景图。书写此幅作品,先以浓笔起首,线条粗细交替运用,"白石"二字稍加突出;"天寒"二字用行草,增加灵动感;"叶稀"枯笔大扫,既张扬又飘逸;"山"虽小却浓壮,以领行首;"无雨"相连以显挥洒;"翠湿"两字笔画皆多,以细笔为主;"人"字笔画少而夸张其捺,以增灵气;"衣"写得稳妥轻盈,以结束全篇。整幅作品结体灵动,运笔舒缓,少牵丝而多顾盼,给人以爽朗开张的感觉。

图8-2 王维《山居秋暝》诗句

　　　　明月松间照,清泉石上流。
　　　　竹喧归浣女,莲动下渔舟。

2. 图8-2:本幅斗方系王维《山居秋暝》一诗的颔联、颈联,不仅写景优美,而且对仗工整。诗句本身就具有画面美,因此,书写时以"求美、求动、求灵气"为创作原则,浓墨起首,挥洒前行,中锋侧锋并用,粗、细线条相间。"流、归、动"以草书夸张之笔,增强灵气;"上"、"下"遥相呼应,增加动感。行距略宽以显疏朗,字距较密以示茂盛,"明月"、"清泉"、"竹喧"、"莲动"之间动静相和之美跃然纸上。

图8-3 王涯诗:《游春曲》

　　　　万树江边杏,新开一夜风。
　　　　满园深浅色,照在绿波中。

3. 图8-3:王涯《游春曲》是一幅江边春景图。满园杏花开放,倒映水中,美不胜收,令人陶醉。书写时以中锋为主,以显温婉之韵,"树"、"边"、"开"、"风"、"浅"、"色"、"波"等字,结体灵动,稍有夸张,以增其摇曳之感,表现"春风荡漾"之趣。首行"杏"书浓笔以写实,末行"中"凝重而呼应,压住全篇。整幅作品疏密相间,不壅不堵,一派春意盎然、万象更新之气象。

图8-4 王之涣诗:《登鹳雀楼》

　　白日依山尽,黄河入海流。
　　欲穷千里目,更上一层楼。

4.图8-4:王之涣的《登鹳雀楼》为历来人们所热爱书写的名诗,有鼓舞人进取向上之深意。本幅作品以热烈浓茂之笔触展示之。大部分字体以外拓为主,满含热情,急促写去,没有一点犹豫、迟缓之意。首字"白"浓墨重笔入纸以定基调,首行挥洒而下,至"尽"则尽情开张,"黄河"二字爽利而又曲折,"入"则小而坚劲,"海流"二字流畅而简净,"欲穷"二字灵动而张扬,"千里目"则顺势而下,末行确有催人"更上一层楼"之急促感,主要体现在"更"、"上"、"一"等字的动感上,"层楼"二字牵丝巧妙,增强全篇的整体感。

图8-5　卢纶诗:《塞上曲》

　　林暗草惊风,将军夜引弓。
　　平明寻白羽,没在石棱中。

5.图8-5:卢纶的《塞上曲》写的是汉将李广射虎的典故,《史记》上有详细记载。本是惊险的一幕,而本诗却写得轻松自如,仿佛向人们叙述一个遥远而有趣的故事。因此本幅书法作品采取了疏朗参差的布局形式,在上口齐的情况下,有意使下口长短不齐,以显错综参差之美,减少其凝重感,使人感到轻松、疏朗。题款两行,前行短而后行长,达到前轻后重、平衡全篇的视觉效果。名章占据一大块空白地方,显得开阔与凝重。

图8-6　王安石诗:《梅花》

　　墙角数枝梅,凌寒独自开。
　　遥知不是雪,为有暗香来。

6.图8-6:王安石的《梅花》一诗,表现了梅花高洁、自律,不与群芳争艳的高尚品格。本幅斗方写得沉着、平稳,不事张扬,首行五字顺畅、自然,不枝不蔓;第二行略增动感以防幅中沉闷;第三行又以平稳、顺畅为主,唯"雪"浓重,以平衡上下关系;第四行又略有跃动,以增灵气。题款两行互相照应,结束全篇。整幅作品有沉稳妍雅之美。

图 8-7 作者自撰诗:《淮北颂》

　　　　缘煤而建富能源,百业兴旺喜空前。
　　　　山水相连风景美,文明宜居胜江南。

7. 图 8-7:这是作者自撰的一首歌颂家乡淮北市的一首短诗。淮北既是能源城市,又是山水城市,文明宜居,被称为"皖北江南"。书写这幅作品时,作者满怀喜悦之情,自信自豪之感涌于笔端,下笔即坚定不移,挥洒开拓,写到"能"时,笔管上提,缓行,用力,如锥画沙,既突出了力感又避免了沉重;第二行浓笔而书,以抒发"百业兴旺"之喜;第三、四两行运笔开张、变化,以突出动感,增强灵气;末行三字凝练、简净,最后题中款照应首行,结束全篇。

图 8-8　古诗名句:

　　　　宝剑锋从磨砺出,梅花香自苦寒来。

8. 图 8-8:这两句励志古诗,向来为书家所常写,尤以赠送青年朋友为多。两句诗共14字,本斗方按三行 4:5:5 布局。首行以中锋、侧锋起首,以显刚毅;"锋",张扬开拓,"从",则浓重收尾;"磨砺出"三字坚实如砥,"梅花"二字则挥洒萧散,微露摇曳之姿。第三行运笔过程中变化多出,虚实相间,行草并用,以出连绵之意,与前两行产生对比。题款又回复行书原貌,回应首行。

图 8-9　题词:《贺中国书法申遗成功》

　　　　中华民族之瑰宝,世界艺苑之奇葩。

9. 图 8-9:这是作者在担任"全国学生规范汉字书写大赛"安徽赛区评审组长时,现场书写的赠品,以送给承担赛事的东道主。当时恰值中国书法"申遗"成功,作者结合比赛内容,书写了这幅斗方。由于书写内容不是抒情性很强的诗词,而是一句评价性的语言,故不宜过分夸张。本作品运笔规整,布局严谨。主题词用两行多写完,为避免空白太多,长款中的"书贺"二字写在第三行主题词之下,其余按正常位置书写。题款第二行中用一牵丝将"之春"二字相连,增强了灵气,与第二行主题词中的"界"一起,打破了画面的沉闷感,但又不至于轻浮,很巧妙。

图 8-10　王勃《滕王阁序》名句:

　　　　物华天宝,人杰地灵。

10. 图8-10：王勃《滕王阁序》名句"物华天宝,人杰地灵"乃千古绝唱,将此8字写成斗方作品,按3∶3∶2布局,很得当。整幅作品,以浓墨重毫挥洒而成,无一字紧缩内敛,画面呈开阔、大气、豪放之气象。为避免雷同,"天"与"人"的捺画,一正一反相区别,"宝"的末笔与"杰"的末笔分别向相反方向取势,"地"、"灵"二字一疏一密,形成对比,题款小而精当,衬托主题词显得更加突出。

图8-11 《重阳节赠老年书法爱好者》

翰墨凝香

流年似水又重阳,满目青山披霞光。

翰墨千秋弘国粹,多彩人生有余香。

11. 图8-11：本幅作品在技法上进行了一种新的尝试,即大斗方中套小斗方。"翰墨凝香"大笔书出,占篇幅的四分之一左右,下部大片留白。左半部小字书写出一首短诗,以长款形式出现,既是对主题词的诠释,又是借题发挥,抒发内心豪情,布局很巧妙。名章与引首章对角相望,更加显示出中国书法红、白、黑三色交相辉映的画面美。

图8-12 老子《道德经》名句:

上善若水

12. 图8-12：对《道德经》名句"上善若水",老子解释说:"水善利万物而不争,处众人之所恶,故几于道。"赞美了水的高尚。将此四字写成斗方,需注意三点:第一要写得规整,表现一定的哲理性;第二要写得灵动,表现"水"的灵气;第三要写得雅俗共赏,避免过草、过呆、过浓、过淡,或过分拘谨、过分夸张,但又要兼而有之。本幅作品就是按照上述原则处理的。酣墨浓笔写出"上",略加挥洒连笔写出"善","若"则求稳,与"水"呼应,比较平;写"水"时看准位置,毛笔快速入纸,第二笔重而快,第三笔提笔轻盈刷过,末笔则按"轻、重、轻"的顺序,缓缓收笔。最后题穷款而结束,简洁、雅致、不冗不繁。

图8-13 独字:

梅

13. 图8-13：这是一幅独字"梅"。梅花深为国人所爱,也是古往今来文人墨客经常咏颂的对象。本幅斗方"梅"用两笔连缀书出,形神兼备。其凌霜傲雪、不畏严寒的坚强品格,体现在重笔拙质的"木"旁上,而右半部的"每"则写得舒缓、微枯而略有动感，表现了梅花妍美、条达而又不事张扬的优雅身姿，给人以祥和亲切之感。本幅题款安排在右下角，在章法上是一种大胆的尝试。因为主题词的右半部既枯且轻，"每"的末笔又向左下方舒展而下，右下角正好形成空白，题款在此，使整幅作品丰满、平衡而又不显拥挤。当然，此幅题款如按正常布局，放在左边似也可行。如果那样做，则要在右下方钤一闲章以求平衡。

第九章　行书扇面技法

一、幅式特点

　　扇子，是人们夏日取风纳凉之物，我国春秋战国时期就有使用扇子的记载。到明朝永乐年间，开始流行折扇。由于扇子常用于待客、会友等礼仪场合，为增其美观，晋代已有在扇面上作画的习惯。据史书记载，东晋谢安为好友袁宏升官上任送行时，曾当众赠扇一把，袁宏立即领悟道："辄当奉扬仁风，慰彼黎庶。"由扇子扇风的功能，引申到"施仁政之风惠及民众"的人文之义。古今文人雅士，常在扇面上题字、作画，或明志、或言理、或咏物、或警世、或抒情、或表意，凡此种种，内容丰富、形式多样。本来白扇一把，一旦作字画于其上，便洋溢着浓厚的文化气息，使扇子的使用价值与欣赏价值集于一身。

　　由于扇子的特殊功能，扇面书写的内容应以健康向上、自励自省同时又轻松愉悦为主，使人感到赏心悦目、清爽宁静，既具有取风纳凉、宁心安神的功效，又赋予一定的人文意义。

　　扇面的书写形式，要依形因势，按扇形面积处理好排列与组合。字数多的内容，要认真计算好行数及每行的字数，常常按一行长、一行短的方式布局，以充分利用扇形面积。

　　字数较少的内容，应视扇面大小，均匀布局。如果是四个字，应将扇面分为五份，最后一份留作题款。五份之外，两边还要留有适当的空白，不能写得太满，以显洒脱、得体。

　　由于扇子功能的公众性较强，所以扇面的字体，最宜写成行书，既美观又易识，可谓雅俗共赏。

二、作品示例

图 9—1

图 9—2

•第九章 行书扇面技法•

图 9—3

图9—4

•第九章 行书扇面技法•

图9—5

图 9—6

第九章 行书扇面技法

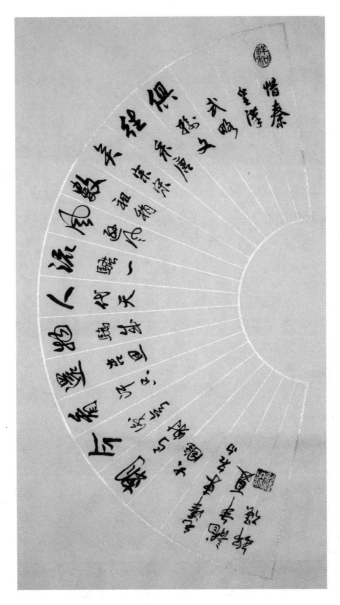

图9-7

三、技法研讨

图9—1　成语：

清风徐来

1.图9—1：在炎热的夏季,手持一把折扇,心里渴望的当然是"清风徐来"。书写这四个字,首先给持扇人以心理上的暗示,当持扇人摇动扇子时,确有清风徐来之感。为彰显书写内容的含义,本作品在章法安排上以疏朗见长,结体上以动感为主,运笔清爽,墨力适中,不洇不枯,开张通透,给人以畅朗之感。"清"浓起首,"风"动以承,"徐"微枯而外拓,"来"则凝重以收尾。此类作品最忌写得浓壮粗大,黑压压一片,本为取风之扇,反而被弄成压抑心情的沉重之物,那样就适得其反了。

图9—2　词组：

翰墨凝香

2.图9—2：本幅作品的主题词也是四个字,其在用墨上比前一幅浓重些,结体上内敛些。但主题词两边留白较多,字体偏小,故并不感到压抑。主题词四个字在运笔过程中都有所颤动,笔画出现跃动之感,呈现出萧散气象,结体行、草相间,产生变化,不显呆滞和板结。同时,书写内容选用"翰墨凝香"四字,洋溢着浓郁的文化气息,可使持扇人产生无限遐想,似可减轻其心理压力。

图9—3　成语：

春华秋实

3.图9—3：前面横幅中已有"春华秋实"四字,因其对人生有启发和激励作用,扇面题字也常选用这个成语。将其写在扇面上,常使持扇人看到,更有现实意义。本幅作品以浓笔泗润之"春"起首,以显春天温暖鲜嫩、万物更新之气象；"华"则写得开张、萧散,并有颤笔出现,以显"花(华)"之动感与艳丽；"秋"则淡雅；"实"则平实,各显本色,并现变化。全幅作品动静结合,布局得当,体现了扇面书法的审美情趣。

图9-4 诗句:

清泉石上流

4.图9-4:这是王维《山居秋暝》中的诗句,淡雅、清爽,似乎呈现出微微凉意。写在扇面上,可从视觉上转移持扇者对暑热的注意力。与前幅作品相比,本幅作品多了一个字,为避免拥挤,作者将字写得修长、灵巧,每字中的笔画都有粗细变化,其中"上"用草体,以显空阔、灵动,引首章以"清泉"钤之,更增一分清凉之气。整幅作品雅致、清秀,观之似有濯清流、沐秋凉之感受。

图9-5 词句:

天凉好个秋

5.图9-5:"天凉好个秋"系辛弃疾的词句,此处乃取其"秋凉"之意。酷暑难耐的夏季,人们当然渴盼秋凉早至,一句"天凉好个秋",一下子把人与"秋凉"拉近。本幅作品墨饱笔酣,一派泗润气象,很符合词句的字面含义。为避免画面拥挤,每字的线条以粗细相间,于平静中求变化,不作大的跃动,最后落穷款,以省俭面积,突出简净特点。整幅画面,似有丝丝微风吹拂,"秋凉"似乎已早至矣。

图9-6 词组:

岁寒三友松竹梅

6.图9-6:本幅扇面作品书写七个字作为主题词,其特点:一是字数多,二是字义"寒",三是每字都有变化。从布局上看,既丰满又疏朗,既稳重又富于动感。写这幅作品时,首先要目测好总面积的大小,将其大约分成八份,七份主题词,一份题款。切不可任笔为之,到最后或剩太多面积,或拥挤不堪;其次,主题词七个字切不可写成一张面孔,要草、行相间,浓、枯得当,不然的话,会给人以呆滞刻板的感觉。

图9-7 毛泽东词句:

惜秦皇汉武,略输文采;唐宗宋祖,稍逊风骚;一代天骄,成吉思汗,只识弯弓射大雕。俱往矣,数风流人物,还看今朝。

7.图9-7:本幅作品在章法安排上别出心裁,颇显新颖。其创作过程是:首先将主题词的末句在扇面居中位置靠扇边书出,字体偏大,以显醒目;其次,从扇面右边写起,写到略超过上句话左端时结束,而后题款、钤印。布局很巧妙,给人以新鲜感。本幅作品的创作重点在于:一是精确计算扇面面积,使书写内容分布恰当;二是大、小字比例得体,大字过大、小字过小,或大字不大、小字不小都产生不了良好的视觉效果;三是在字体上以行书为主。由于字数多,字体偏小,若草字过多则不易识别,会影响观赏效果;四是把握好整体画面的平衡,不要出现左轻右重或右轻左重的现象。本幅作品在上述几方面把握得比较得体,所以具有比较好的审美效果。

第十章　行书对联技法

一、幅式特点

　　对联，又称"对子"。据传起源于我国五代时期。据《宋史·蜀世家》记载，蜀主孟昶曾写过一副对联挂于皇宫，以庆春节，联曰："新年纳余庆，佳节号长春。"明、清以后，民间在春节时贴春联以示喜庆。后经文人雅士发扬光大，扩大了对联的使用范围，从贺岁、贺节，到祝寿、悼念，到对名胜古迹的题咏，重要庆典时悬挂和书房、客厅的张贴等。

　　对联由上、下联构成，来源于律诗中的对偶句。唐人首创律诗模式，全诗共有八句，其中三、四句称为"颔联"，五、六句称为"颈联"，均要求对仗，抽出来就是两副对联。古人律诗中，杜甫的诗对仗最为工整，如"窗含西岭千秋雪，门泊东吴万里船"，"红入桃花嫩，春归柳叶新"等等，都是对仗工整的联语。抽出来书写，就成为对联。

　　对联在书法作品中是要求比较严格、使用又比较广泛的书法幅式，其内容要恰当准确，对仗工整，才能表达作者的思想感情，满足悬挂场所的氛围要求。从形式上看，常用对联有五言、七言、中长联多种。习惯上把八言至十二言联称为"中联"，十三字以上称为"长联"。

　　对联在行书创作技法方面要注意以下几点：第一，章法要求严谨、规范，力戒浮华、草率；第二，笔法要凝重有力，力戒轻飘、绵软；第三，墨法上尽量减少飞白和枯笔，要使每一笔画墨力到位，以彰显对联自身固有的美观、大方、赏心悦目的特色。

二、作品示例

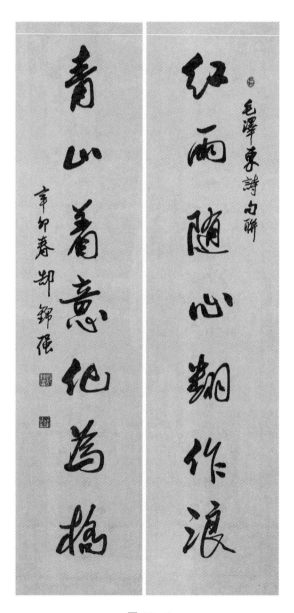

图10—1

第十章 行书对联技法

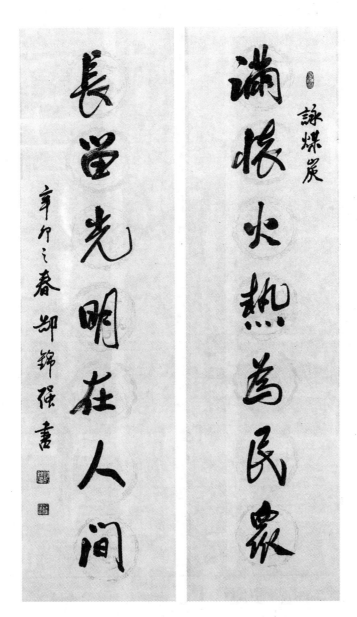

图 10-2

图10-3

• 第十章 行书对联技法 •

图 10—4

·行书技法研究·

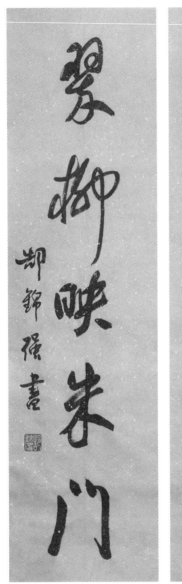

图 10－5

· 第十章 行书对联技法 ·

图 10-6

三、技法研讨

图10-1 毛泽东诗句联：

红雨随心翻作浪，青山着意化为桥。

1.图10-1：这是毛泽东《七律·送瘟神》中的诗句，表现了作者得悉防治血吸虫病工作取得辉煌成绩后的喜悦心情，所以有"红雨随心翻作浪，青山着意化为桥"的美好想象。书写这副对联时，笔者当时也满怀喜悦的心情，以开张、挥洒的笔触和跃动灵活的运笔方式，浓墨书写，舒缓前行，笔笔到位，不使有枯，以增强彰显力。在每一字的内部，以线条粗细相间表现变化，没有大开大合对比强烈的现象，有从容、冲和之美。上款题于上句第一字下，下款题于下句第二字下，很得体。由于下款较短，故于款下钤名章两方，以收画面平衡之效。

图10-2 咏煤炭联：

满怀火热为民众，长留光明在人间。

2.图10-2：这是一副借咏煤炭而歌颂人的对联。联中提到"为民众"要热心，处事要"光明"，要有耿介浩然之气，"长留"天地之间。本幅作品在书写技法上，一是注重字势端庄，结体开朗；二是运笔舒缓、从容，运用了自我"滞笔"之法；三是线条自然、温婉，柔中寓刚。整体上看，有大度磊落之美。

图10-3 贺寿联：

盛世长青树，百年不老松。

3.图10-3：盛世多寿星。本联是写给一位90岁老人的，以庆其寿辰。取义恰当，对仗工整，恰合当前的时代特征。本幅作品在技法方面有两个比较突出的特点：一是每个字的线条均有绵软柔韧之感，以表示生命的绵长和顽强。这种效果的形成，主要是运用腕力，引领毛笔缓慢"绕行"的结果，如果把线条写得直来直往，就会显得单调、直白，而不会有"柔韧"的效果。二是字与字之间和字的内部，运用了线条粗细对比的方法，使整幅作品产生动感和灵气。

图10-4 婚庆联：

好事年年有，荷花岁岁红。

4.图10-4:这是作者自撰自书的一副联语。一对青年人要结婚,已请人画了一幅荷花中堂,要配一副对联悬挂两边,于是作者受邀书写这幅作品。其内容包含对新人的祝愿,又有对荷花的赞美,同时首字又暗含"好合(荷)"的谐音,有"百年好合"之义,取义比较巧妙。在书写技法上,取大气、开张、飘逸之姿,每个字皆挥洒而成。这样做,一是为使画面彰显,二是为增强庆贺氛围,三是显得畅朗、吉祥。如果字体太小、太内敛,则会给人以板结、阴沉的感觉,与喜结良缘的热烈气氛不合。

图10-5 春联:

青山环绿水,翠柳映朱门。

5.图10-5:这是一副春联,用"青山"、"绿水"、"翠柳"、"朱门"这些美好事物,组合成一幅优美的春景图,以庆贺新春。在书写技法上,本幅作品以追求优美的意境和喜悦祥和的气氛为目标。字的结体顺达,运笔温润,用墨酣浓,对比恰当,于凝重中见飘逸,在细微处求变化。

图10-6 书法工作室联语:

豪情偶发墨当酒,清兴忽来书作歌。

6.图10-6:本副对联内容豪放、畅达,故书写开张,结体外拓,运笔疾速,线条爽利。凡书写这种带有图案的对联,要注意两个问题:一是由于每个字都分别在圆形图案之中,会影响书写者的视线,因此要仔细找准每个字的书写位置,要使每一句的主题词都在该行的中轴线上,不使偏离;二是字的大小要把握好,一般不要伸出圆形图案,那样会使人感到涨眼;但也不要紧缩于圆形图案之内,那样则显得小气、猥琐,失去对联这一书法幅式的特色。字体应充满圆形图案,而又不外露,处在似露非露之间为宜。

附录 1

师生情谊翰墨缘

郜锦强

2005年冬,我们学校申报第二批硕士点,其中文艺学、美术学两个学科均可设置书法艺术教育方向,而当时安徽省尚没有招收书法硕士研究生的高校。根据我们学校的力量,我建议我校可率先在全省招收书法硕士研究生。学校采纳了我的建议,并责成我考虑此事。按照当时的情况,要我牵头招收书法研究生,我必须先出去进修才行。一是要全面了解书法硕士研究生培养过程中的有关技术性问题;二是要进一步学习书法艺术和书法史论。于是抱着试一试的念头,我挑了几幅自己的书法作品和几篇论文,按要求投寄到首都师范大学(以下简称"首都师大")中国书法文化研究院,申请做国内访问学者,研修中国书法文化。半个月之后,我接到了首都师大"北京市高校师资培训中心"的回函:"郜锦强同志,根据推荐并经考核,同意接受您为我校书法专业欧阳中石导师的国内访问学者。"

就这样,我于2006年2月23日来到了首都师大中国书法文化研究院,开始了为期半年的书法文化国内访问学者的学习与生活,直接聆听了著名书法教育家欧阳中石先生的教诲。

报到的第一天,我先去拜望了欧阳中石先生。不巧,电视连续剧《乔家大院》的总导演胡玫女士,正带领导演组在先生家里请教问题,我的到来打断了他们的交谈。欧阳先生站起来对他们说:"对不起啦,我们中断一下,我得接待我的学生。"说着领我到他的书房。我抓紧时间向先生汇报了前来进修的有关打算,讲完后,递上我的书法作品的照片,先生一张一张仔细地看,然后说,你来做访问学者很好,你的书法作品很有些文化底蕴,能有志于在此基础上提高一步,想法是很好的。书法教育事业从我们的先辈已经着手,发展到今天这样的规模,很不容易。你们学校有这样的计划,并能付诸实施,这很好。将来你访学回去了,我们可以结成友好单位,互相交流。接着,又讲了一些学习方面的安排及需要注意的问题,然后笑着说,今后你随时可以到我这里来讨论问题,今天就到这里。我一看,时间已经过去了40多分钟,赶快告辞,以免先生冷落了胡玫导演。

按照学习安排,每周一晚上是学员练字时间,欧阳先生常由他的女弟子解小青博士陪同前来教室指导。欧阳先生自己治学严谨,对学生要求也十分严格。一次,我在临摹孙过庭的《书谱》,由于我到得比较早,先生来时,我已练了三四页纸。先生走到我面前停下来,严肃地向我指出:"你这样临摹是没有用的,应该临熟一个字再临下一个字。否则,看起来临的量很大,但是却没有记住。"接着他以此为例,让大家都停下来,宣布从今晚开始,每晚只临一个字。他还拿起另一个同学临的欧阳询楷书"爱"字,对那个同学说:"这个字你只注意了它的大致结构,而没有临出它的笔势。从今天起,你用双钩线的办法临写,结构、笔画都写熟了再换下一个。"

接着他告诫我们,在临摹的同时,要练"眼力",要把经典书法作品的结体和线条"看准",然后下笔,准确地捕捉到经典书法的"神韵"和"气象",才能由"形似"逐渐达到"神似"。不然的话,即使"每天临池不辍",也只能收效甚微。后来在中央电视台"大家"栏目中,他又作了这样的阐述。按照先生的指点,我每临熟一个字再临下一个字,果然进步很快。当时与2005级博士生一起学习时,我年龄最大,职称最高,职务也最高,当场受到欧阳先生这样的评点,大家担心我会脸红,其实我感到很幸福。因为我明白了练习书法的真谛所在,书写水平有了长足进步。现在我又用这种方法教我的学生,确实很有效果。是先生的指导,使我改变了沿用几十年的"大面积"临摹的做法,让我受用不尽。

每次上课,欧阳先生总要提几个问题让我们回答,或开展讨论。可能因为我的年龄大,先生总爱提问我。一次讲到文化与艺术的关系时,先生突然问道:"书法到底是艺术还是文化?"当时在座的5位博士生没有人吱声,先生看了看我:"你说说看!"我知道欧阳中石先生是中国书法文化的倡导者,一直极力主张"书法是文化"。尤其值得在中国书法史上留下记录的是,先生提出了"作字行文,文以载道;以书焕采,切时如需"的书法文化思想。因此,如果按照先生的思路回答,应该取"书法是文化"的说法。但我觉得这是课堂提问,应当按照自己的想法回答,就说:"我认为,书法首先应该是艺术,也正因为它是艺术,所以才是文化。"接着讲了一番它们之间的关系,又列举了音乐、绘画等与书法艺术作比较。讲完之后,先生看着我说:"噢,你是这样认识的。"说完,没有再说什么,又接着讲课。后来由于先生太忙,直到访学结束,我也没能再当面向先生请教书法文化与书法艺术的关系问题,真是十分遗憾。

转眼一学期的访学结束了。我们学校接受了我的建议,于2007年初成立了安徽省高校首家"书法艺术教育研究所",由我担任第一任所长。并于当年招收第一届书法硕士研究生,我有幸成了安徽省第一位书法硕士研究生导师。于是我想到恩师欧阳中石先生,请他题写所名;欧阳先生欣然应允,写好之后便立即电话告诉我去取。当我赶到欧阳中石先生家里时,恰值先生午休起来,精神矍铄,谈笑风生。我首先向先生汇报了成立书法艺术教育研究所的经过和未来的打算,先生说:"很好,书法教育又多了一支力量!你们是安徽省高校第一家,值得祝贺!"接着我呈上新近出版的拙著《行书创作概要》一书,告诉他是我在访学期间写成的。先生一边翻看一边笑着说:"很好,这是我们共同的成果!"接着,先生又讲了一些办书法专业、培养书法研究生应注意的问题,同我一起照了好几张照片。为怕先生太累,我只好依依不舍地同先生握别。

欧阳先生送我到门口,再次握着我的手说:"祝你们的书法艺术教育研究所办好,办出特色,我们多交流!"看到先生满头银发,我蓦然想起顾炎武赠傅山的两句诗:"苍龙日暮还行雨,老树春深更著花。"多年来,欧阳中石先生不顾自己年事已高,仍不辞辛苦,为振兴中华民族的优秀传统文化而操劳,而且他是那样执着而又那样谦虚,那样平易近人,乐于奖掖后学,真是德艺双馨的大家!

转眼间,我们的书法艺术教育研究所成立5年了,已招收5届书法硕士研究生。首届书法硕士生肖三喜于2010年毕业时,考入首都师范大学攻读博士学位,成为安徽省高校输送的第一位书法博士生,在全省引起较大反响。我也因此受到书协同仁和各界书法爱好者的鼓励和厚爱。每念及此,常常想起欧阳中石先生的教诲和支持,借此机会向先生真诚地道一声:谢谢您,欧阳中石先生!

(本文原刊于《书法报》2012年第29期)

附录 2

我与尉天池先生的一次翰墨缘

郜锦强

1984年10月,我在淮北师范大学前身淮北煤炭师范学院(以下简称"淮北煤师院")办公室工作。一天,院长邱尚周同我商量:"能不能请一位全国著名的书法家给我们题个校名?"我说:"如果请就请安徽籍的,有桑梓之情。"邱院长表示同意,我便向学校推荐了两位:一位赵朴初先生,一位尉天池先生。后经人打听,当时赵朴老正在住院。于是学校决定请尉天池先生题写,并责成我负责此事。

当时,尉天池先生的堂弟尉天骄,也在淮北煤师院工作,他是中文系78级学生,比我低一届,他于1982年7月毕业后,也留校工作,和我既是同学又是同事。我便同他一起去南京请尉天池先生写校名。

到南京已是傍晚时分,我提议不能空手前往,考虑到天池先生是砀山人,此时正是砀山梨成熟的季节,于是我们在南京鼓楼附近买了6斤砀山梨,由我提着,一同前往南京师范大学拜访尉天池先生。

到了南京师范大学艺术学院,在尉先生的工作室里见到了他。当时天池先生正值盛年,红光满面,儒雅中流露出自信。见到家乡来人,十分高兴。我们说明来意后,天池先生爽快地说:"好啊,我是砀山人,淮北也算我的大故乡。为家乡的大学写校名,是我的荣幸。第一,你们不要到系里登记了;第二,我不收任何费用;第三,将来校牌做好了,把书写的原件放学校档案室保存。"说完,又询问了我们学校的一些情况,而后天池先生告诉我们"你们明天下午四点钟来取"。

第二天下午四点，我们如约而至。只见天池先生正坐在椅子上抽烟，桌子上摆着两幅写好的校名："淮北煤炭师范学院"。我们到了以后，天池先生站起来笑着说："写了两幅，你们看哪一幅好？"天骄说："锦强学兄你看，你是内行。"他们兄弟二人一齐将目光指向了我，我反而有些不好意思，但也只有硬着头皮说："尉老师，您写的两幅都很好。一幅比较灵动，跳跃感强一些；一幅比较凝重，平稳一些。作为校牌，我倾向于后者。不知对不对？"我一说完，尉先生爽朗地笑了："真是英雄所见略同啊！我也倾向于这一幅，只是想听听你们的意见。想不到你小伙子还真有些眼力！"我当时34岁，在尉天池先生眼

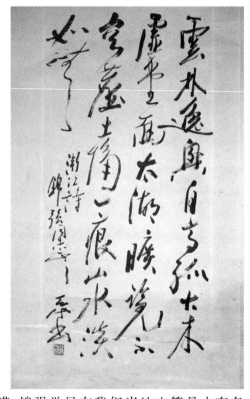

里，还是年轻人。这时天骄接着说："哎，锦强学兄在我们当地也算是小有名气的书法家哩，他写的是'郭体'。"天池先生说："噢，那好啊，你写几个字我看看。"一时搞得我手足无措。天池先生把他写校名裁下的一小张纸朝我面前推了推，我只好拿起他写字用过的笔，有些发抖地写了一幅唐人五言绝句"白日依山尽，黄河入海流。欲穷千里目，更上一层楼"。写好后我说："请尉老师指教。"天池先生一边看字一边高兴地说："嗯，有郭沫若书体的味道。不错！"随后又问了我的学书经历，说了几句勉励的话。突然，他拿起笔来笑着对我说："我轻易不给别人写字，今天送你一幅，因为我们是同道，这也是缘分嘛！"我说："尉老师谦虚了，我只是业余爱好者，哪敢与您相提并论，谢谢您的厚爱。"尉天池先生说完就开始写，几分钟时间，一幅小中堂便一挥而就："云林逸兴自高孤，大木虚堂面太湖。旷览不容尘土隔，一痕山水淡如无。渐江诗，锦强同志正之，天池书。"（附图）书毕，天池先生又大声朗读一遍，我不由自主地鼓起掌来，连忙双手接过。回校后立即请人装裱挂起来。

近30年来，我多次搬家，但这幅书法作品一直悬挂在我的书桌旁。每逢看到它，就想起天池先生赐字时的情景。

如今,我已忝列高等书法教育队伍多年,加入了中国书协,并且成了安徽省首位书法硕士生导师,全国书法研究生学术周指导委员会委员,安徽省书协教育委员,省书法教育研究会副会长,受到许多青年朋友和书法同道的厚爱。这些虽与尉天池先生当年赠字没有直接关系,但天池先生对我的鼓励与奖掖,却时时催我前行,使我不敢懈怠。谢谢天池先生!

(本文原刊于《书法报》2011年第46期)

附录 3

以人为本，巧度金针
——郜锦强教授书法教育思想浅探
肖三喜

2007年，我被淮北师范大学录取为书法艺术教育方向研究生，在著名书法家郜锦强教授指导下，攻读硕士学位。在三年的学习过程中，郜老师的谆谆教诲和人格魅力深深地影响着我。尤其是他"以人为本"的书法教育理念和教学实践，更使我受益终生。

一、在书法临摹和创作教学中，他关注受教育者的主体意识

郜锦强教授对于书法临摹和创作的要求十分严格。临摹时，他教导我要"练眼力"。他常把二王、米芾等法帖摆在书案上，一笔一画地分析给我看。从用笔到结体，从章法到气韵，他那淋漓尽致而又不失形象生动的剖析，常使我豁然开朗。正如黄庭坚在《论书》中所言："古人学书不尽临摹，张古人书于壁间，观之入神，则下笔时随人意。"这种"入神"即是孙过庭所谓"察之者尚精，拟之者贵似"的实践要求。我深知，郜老师的这种教学理念，是以唤醒受教育者的主体意识为根本，而不是单纯生搬硬套古人已经定型固化的技法。

郜老师根据我的书写特点，制定了具体的临摹和创作方案，他让我以"欧体"为基础，由此旁及他家，不断丰富和融会贯通。即，前期的努力方向是"加

法",以汲取古今书法精品中的精髓。然后再做"减法",即逐渐化诸家之长为己所用,形成自己的风格。郜老师自己在学书过程中也是这样做的。他早年学的是郭沫若行草书体,而后又上溯米芾、"二王",融其所长,形成自己"遒劲而不失清秀,朴实而蕴含灵气"(评论家语)的独特书风。郜老师以自己的亲身经历教育我们,比长篇大论的抽象理论更为直观和有效。所以,从临摹到创作,从"用智慧争取时间"到"科学有效的实践"理念,郜锦强教授都是从书法教育的主体出发,培养受教育者的主体意识。正是这种书法教育思想,使得我对书法临摹和创作的本质有了崭新的认识和领悟。

二、在书学理论教学过程中,他关注受教育者的接受能力

郜锦强教授在书学理论教学过程中,善于将理论和创作实践有机结合起来,从而直观地告诉学生某种理论的来龙去脉,使学生在潜移默化中认识理论的内涵。近几年,郜老师均有学术价值很高的书学理论研究成果相继问世。从论文《行书探源》到专著《行书创作概要》、《行书创作艺术研究》等,都非常直观地展现出他的书学理论研究成果和基本发展历程。他提出的"行书萌于秦,成于汉,规范于魏晋"的观点,是迄今为止,关于行书起源问题的最新看法。为了证明这个观点,他把纸上的文献和地下的文物,尤其是和新出土的文物相印证,大胆假设而小心求证,从而具有很高的理论价值。由于古代留下的书学论著较多,且论述的角度和审美取向多有区别,如何从中抽取对书法创作实践有帮助的论点,是件很困难的事情。但郜锦强教授却能有效地把握和驾驭这些书学理论,并把抽象的书学理论化为具体平实的生活事物加以比拟,让学生很容易理解和掌握。他常强调,如果一种理论不易为人所理解和掌握运用,为师者又不能合理地对其进行诠释,这对于书学理论本身、对于师生双方而言,都是可悲的。所以,郜老师在书法理论教学中常常把理论与实践巧妙地结合起来,深入浅出地娓娓道来,做到化难为易、化旧为新,一切从学生的接受能力和理解效果考虑,可谓难得矣。

三、在书法艺术教学过程中,他关注受教育者的综合文化素质

郜锦强教授首创安徽省高校书法艺术教育与研究机构——淮北师范大学书法艺术教育研究所,成为安徽省首位书法硕士研究生导师,迄今已招收5届书法研究生。而后,他又为申报书法本科专业辛苦奔走,促成其事。并从2009年起招收书法本科生,填补了安徽省高校书法专业教育的空白。为了确保研究生培养质量,郜锦强教授亲自草拟了书法硕士研究生培养计划和实施细则,其中,十分注重对学生综合文化素质的培养和提高,他常强调,高等学校的书法教育,绝不能仅仅把学生培养成"书写匠人",而是要培养出具有较高综合文化素质的书法专业人才。

我有幸忝列师门,成为郜锦强教授制定的教学培养模式的最早受益者。我在本科阶段学的是历史学专业,郜老师要求我用马克思主义的认识论和方法论即唯物史观对书法史上的一些现象进行梳理和"还原",探究书法史上的一些重要流派和人物事件的背景和本质,力避就书法论书法的做法。在具体的学习和论文写作中,郜老师则给我充分的自主性。在我写完初稿后,他不厌其烦地一字一句地为我修改。在循序渐进中,我的论文写作水平和综合文化素质得到明显提高,在校期间公开发表书学论文6篇,硕士学位论文被评为全校硕士生优秀论文,并有幸成为安徽省高校输送的第一位书法博士生。

概而言之,郜锦强教授的书法教育思想,不管是从临摹和创作层面上对学生的"言传身教",从书学理论研究和教学层面上的"化繁为简"、"化抽象为具体",还是从书法人才培养层面上加强综合文化素质教育,都深刻地体现出他"以人为本"的教学思想,加上与之配套的教学措施,如同春风化雨,在不知不觉中,"巧将金针度与人"。

(作者系淮北师范大学2010届书法硕士毕业生,首都师范大学中国书法文化研究院2010级书学博士研究生。本文曾收入系列丛书"兰亭雅韵"之三,2012年3月出版)

参考文献

[1]华东师范大学古籍整理研究室选编、校点.历代书法论文选[M].上海:上海书画出版社,1979.

[2]叶培贵.历代书迹集萃·行书[M].长沙:湖南美术出版社,2008.

[3]朱以撒.中国书法名作100讲[M].天津:百花文艺出版社,2008.

[4]陈振濂.品味经典·中唐—元卷[M].杭州:浙江古籍出版社,2006.

[5]孙宝文编.历代名家墨迹选·米芾书蜀素帖[M].长春:吉林文史出版社,2009.